도쿄일기

-한기언교육학전집-

도쿄일기

한기언 지음 / 한용진 엮음

머리말

이 책 『도쿄일기(東京日記)』는 1980년 7월 1일부터 1981년 6월 30일까지 1년간의 '단상(斷想) 모음'입니다. 학자 생활에 있어 1년간 마음껏 연구삼매(硏究三昧)의 경지에서 생활하게 된다면 어떻게 될까, 1년간 학문적 무게를 실감하고 싶어서였습니다. 확실히 이 의도는 목적을 달성했다고 자평(自評)하고 있습니다. 지금도 나는 이 1년간의 학문적 무게와 학자 생활의 리듬을 의식하고 한 해 한 해를 살고 있습니다.

여기에 실린 짧은 글들은 어떤 의미에서는 나 자신만이 제대로 이해할 수 있는 암호(暗號)와 같은 것일지도 모르겠습니다. 그런데도 조그만 책자로나마 남기려고 하는 까닭은 무엇이겠습니까. 혹시라도 외국에서의 학자 생활의 솔직한 심정 토로를 듣고 싶은 분이 계신다면, 약간의 참고자료가 될지도 모르겠다는 생각에서였습니다.

또 나 자신에게는 지금도 이론적 심화 작업에 힘쓰고 있는 「기초주의(基礎主義, Kichojuii, Foundationism)」에 대한 간절한 학문적 의욕의 번득임을 이 『도쿄일기』에서 새삼 재발견하게 된다는 감회에서 이기도 합니다.

「후기(後記)」에서도 밝혔듯이, 이 『도쿄일기』는 13권의 노트에 신문 스크랩을 중심으로 간간이 몇 자 적어놓았던 글들의 모임입니다. 따라서 원본대로의 복사본이면 조금은 더 실감이 나리라는 생각도 듭니다. 이는 바라기 어려운 호사이기에 이 정도로 멈추기로 하겠습니다.

끝으로 나는 이 책 『도쿄일기』를 책의 형태로 나오게 한 만공(萬公) 한용진 교수에게 진심으로 감사의 뜻을 표하려고 합니다. 원고지에 써 놓은 육필이라 판독하기 어려운 부분도 많았으리라 여겨지는데, 이렇게 읽기 좋게 정리해 주었으니 오직 그의 효심에 감복할 따름입니다. 더욱이 현역학자 생활 중이고 대학교수로서, 교육학과장이라는 가장 바쁜 생활을 하는 사람에게 많은 시간을 할애토록 한 데 대하여 미안한 감을 감출 수가 없습니다.

만에 하나, 해외에서 연구 생활을 하시는 현역학자, 젊은 현역교수들에게 참고가 되는 부분이 있다면, 또 장차 비슷한 경험을 하시게 될 분들에게 참고가 되는 부분이 있다면 천만다행이겠습니다.

2004년 6월 30일

서울대학교 명예교수 청뢰(淸籟) 한 기 언

엮은이 서문

어떤 원고가 다시 빛을 보기 위해서는 하나의 계기가 필요하다. 이 책『도쿄일기(東京日記)』를 원고지에서 한글 파일로 입력한 것은 2004년 가을이었다. 벌써 16년 전이다. 그런데도 책의 형태로 간행되지 못하다가, 2020년에 드디어 유고집 형태로 세상의 빛을 볼 수 있게 된 것은 바로 올해가 청뢰 한기언 선생의 10주기이기 때문이다.

한 사람의 연구자가 자신의 해외 연구 생활을 스스로 기록으로 남겨놓는 것은 후학들로서는 무척 흥미로운 일이기도 하다. 청뢰 선생은 이미 1957년에서 1958년까지 미국 컬럼비아대학 교환교수 시절의 연구 생활을『미국 일기(한기언교육학전집 54)』라는 제목으로 간행한 바가 있다.『도쿄일기』는 그 후속작으로 1980년 7월 1일부터 1981년 6월 30일까지 일본 도쿄에서의 1년간 기록이다.

이 책의 내용은 꼬박 40년 전의 기록이다. 그런데 읽어보면 현재 일본의 모습을 예측할 뿐만 아니라, 어째서 그런가를 알려주고 있다. 한국과 일본은 무척이나 오랜 교류의 역사가 있다. 역사는 과거의 축적된 기록 중에서 '살아남은 것'이라는 생각이 든다. 살아남는다는 것은 현재와의 관계에서 어떤 필요성이나 의미가 있기 때문이다. 역사의 창고에는 과거의 수많은 '자료(data)'들이 축적되어 있다. 그리고 그러한 자료들은 각각의 '정보(information)'를 갖고 있고, 이러한 정보들이 현재에 의미 있는 '지식(knowledge)'으로 작용할 때, 우리는 그러한 내용을 역사라는 이름으로 다시 되돌아보게 된다.

이 책의 내용은 그때그때의 단상을 적은 것이기에 저자가 말하듯이 약간은 '암호' 같은 부분들이 있다. 말투도 현대인들에게 불편하게 느껴질 만한 곳이 많았다. 처음에는 원전 그대로를 옮겨 적는 일만 하였지만, 마치 과거에 한자로 적혀있던 책을 현대인들이 이해하도록 우리말로 번역하는 것처럼, 이 책도 원고의 내용을 현대인에 맞게 약간은 고치는 과정을 거쳤다. 현대어에 맞지 않는 문법이나 등장하는 일본인들의 이름을 한글로 추가 표기하는 일, 그리고 맥락상 필요한 표현들은 전체 흐름에 지장이 없는 범위에서 약간 더하거나 생략하기도 하였다. 다만 하나의 문장에는 그 사람 나름의 '어투'가 있기에, 가급적 그러한 표현은 그대로 유지하고자 하였다.

교육학적 자서전으로 『사진으로 보는 나의 삶: 인생궤적(人生軌跡)(한기언교육학전집 50권)』과 『두 손을 비워두어라(한기언교육학전집 51권)』에 이어 학자의 꾸준한 연구 생활이란 어떤 것인가를 엿볼 수 있는 자료집적 성격의 책을 간행하게 되었다. 어쩌면 우리 자손들 중에 학자가 되겠다는 사람이 나밖에 없었던 것은 바로 아버지의 이러한 모습을 도저히 따라갈 수 없다는 자기판단 때문일지도 모르겠다. 나는 어쩌면 가장 판단이 무뎠기에 묵묵히 학자의 길을 걷게 되었는지도…

어려운 여건 속에서도 이 책자의 간행을 허락해주신 한국학술정보[주]와 청뢰 선생 10주기 행사에 맞춰 간행될 수 있도록 노력해 주신 편집부의 모든 분들에게도 충심으로 감사드린다. 드디어 2020년 경자년(庚子年)이 밝았다. 올해는 쥐와 같은 부지런함 속에서 『도쿄일기』처럼 나의 삶의 순간순간을 기록에 남겨보는 한 해가 되고자 다짐해 본다.

2020년 1월 1일
기초주의연구원장 만공(萬公) 한 용 진

차 례

제 I 부 1980년 7월 1일 ～ 12월 31일

제Ⅱ부 1981년 1월 1일 ～ 6월 30일

〈표 목차〉

[그림 목차]

도쿄도(東京都) 미나토구(港區)

외국인등록증명서(外國人登錄證明書: Certificate of Alien Registration): 090574

여권번호 S.72515

제 1 부

『도쿄일기』

1980년 7월 1일 ～ 12월 31일

---

1. 일본어의 회화: 일본식 영어부터 알아야 할 형편임

일본 도착 후 「요미우리 신문」을 구독했는데, 제목에 '베ア(베아)'라는 단어가 나와서 당황했다. 알고 보니 'ベイスアップ(임금인상)'을 줄인 말인데, 일본식 영어는 대개 이런 식으로 줄여서 표현하고 있다. 그것을 메모해 둔 것이 이하와 같다.

* 헤리(ヘリ) - 헬리콥터(ヘリコプター: helicopter)의 앞 두 글자
* 코페총족(コペチョン族) - 코펜하겐 총각(Copenhagen チョンガー)
* 단토쓰(ダントツ) - 단연 톱(ダンゼン トップ: 斷然 top)
* 세코핸(セコハン) - 중고품(セカンド ハンド: second hand)
* 데모리(テモリ) - 휴대전화 저장장치(テレフォン メモリ: telephone memory)
* 가라오케(カラオケ) - 노래방(カラ オーケストラ: 空 orchestra)
* 나쓰메로(ナツメロ) - 흘러간 노래(ナツカシイ メロディ: 懷かしい melody)
* 데레코(テレコ) - 녹음기 (テイプ レコーダー: tape recorder)

줄인 말은 아니지만, 영어를 그대로 외래어로 쓰고 있는 사례

* 라이스(ライス: rice) - 밥[반(飯)]
* 하즈반도(ハズハンド: husband) 혹은 하도(ハド) - 남편[부(夫)]
* 파토카(パト・カー: patrol car) - 순찰차(巡察車)
* 리빙구 루무(リビング・ルーム: living room) - 거실(居室)

'충격'을 받았다고 할 경우에도 꼭 쇼쿠(ショック: shock)를 쓴다.

또 이런 말도 쓰고 있다. 이것은 영어가 아닌데, 당시 일일 잡역부의 일당이 240엔이었던 데서 '잡역부' 통칭으로, 즉 일용직 노동자를 니코욘(ニコヨン: 240円)이라 하는데, 내가 일본에 있던 1980년의 일용직

노동자 일당(日當)이 약 3200엔이었다. 또한 "이상한[헨나(變な)] CM"이라는 표제의 신문(「요미우리 신문」, 이하와 같음) 기사 중에 "エクスクイジット(exquisite: 정교하기 이를 데 없는 완전무결한, 대단히 아름다운, 훌륭한)"라는 단어를 지적하면서 "分からないからナウいのか、分からないのはダサイなのか"(알 수 없기에 '나우이'한가, 모르는 것은 '다사이'한가)라는 부제를 붙였다. '나우이(ナウい)'는 영어 now에 형용사의 어미 'い'가 붙은 것으로 '새로운/현대적인'을 뜻하는 것으로, 이에 대한 대의어(對義語)로 '촌스러운' 것을 지칭하는 '다사이(ダサイ)'라는 속어도 젊은이들이 많이 사용하였다.

이 밖에도 신문의 '편집 수첩'이라는 칼럼에 이런 대목이 보여 스크랩해 두었다.

"어느 연구자의 설에 의하면, 영미의 사전에 등재된 일본어 기원 단어는 고작 100단어 정도인데, 일본에서 사용되고 있는 영어에서 기원한 표현은 대략 15,000단어나 된다."

2. 오카쿠라 덴신(岡倉天心: 1863~1913)

신문에 "오카쿠라 덴신 수난 - 동상에 콘크리트 덩어리, 예대 불합격의 화풀이?"라고 나와 있어 노트에 메모한 것은 다음과 같다.

28세(1890)에 국립미술학교(현 도쿄미술대학) 초대 교장, 51세 별세
딸(장녀): 고마코(高麗子)
묘의 형상: 한국식
6각형 별장
작은 배의 이름이 '류오마루[용왕환(龍王丸)]'

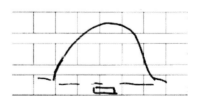

[그림 1] 한국식 원형 봉분

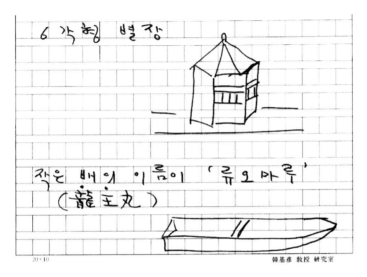

[그림 2] 6각형 별장과 류오마루

이것은 「교육 TV Special」에서 얻은 내용임.

* 야나기다 구니오(柳田国男) - 1980년 8월 26일 방송
* 오카쿠라 덴신(岡倉天心) 본명은 오카쿠라 가쿠죠(岡倉覺三) - 1980
  년 8월 27일 방송
* 고이즈미 야쿠모(小泉八雲) - 1980년 8월 28일 방송
  (나는 의도적으로 '신문'과 TV를 통하여 일본 정보를 얻기로 하였다.)

3. '시간의 경제'와 교육

▶ 기초주의의 교육과정관: 기초주의에서의 교육과정(敎育課程) 구성
  의 원리
▶ 인생의 유한성(有限性)과 교육에 있어서 '시간'의 문제
* 시간관의 변천
* 시간의 구조

▶ 인생과 교육: 개인 내에 있어서 시간과 교육 - 백 년을 다 살지 못하고 가는 인생에 있어서 교육은 시간과의 관계를 떠날 수 없을 것이다.

▶ 개인과 역사적 현실: 인간 형성과 역사적 맥박(脈搏) - 역사적 상황성이 어떻게 인간 형성에 작용하는가?

▶ 시간의 경제와 교육(교육과정론)

▶ 평생교육의 지혜: '영생(永生)'을 얻는다는 말의 뜻은… 불멸 순간의 축적 - 평생평가

* 시간 엄수
* 시간의 최선 활용
* Erziehung und Zeit (독: 교육과 시간)

4. 우주선 혹은 함상 근무 생활과 흡사함

단 자유로이 외출, 필수품 구매, 기타 가능함. 연구환경으로서 절대 공간과 시간이 허여(許與) 조건임. 따라서 이것을 현명하게 최선 활용하는 것이 나의 능력 발휘의 가능 영역임. TV, 라디오, 신문, 그리고 전화, 이것이 나와 외계(外界)와의 의사소통 수단임.

1년간을 유의의(有意義)하게 지내리라.

정적(靜寂), 그렇게 바라던 것이 아니었던가.

이 절대 한적(閑寂)함 속에서 나의 학문세계에 더욱 많은 성과가 거두어져야 하리라. 학적 성숙, 학적 독창성 발휘 등.

5. 교육과 시간

▶ 시간의 구조와 교육

I. 시간관의 변천

시간이란 무엇인가? / 어떻게 생각했는가? /

현대인의 시간관 / **시간의 이념**

Ⅱ. 교육과 인생

유한한 인생 / 교육은 시간과의 관계에서 이루어지는 것

Ⅲ. 인간 형성과 교육적 상황성

인간은 역사적 산물, 역사는 인간의 산물

Ⅳ. '시간의 경제'와 교육

무엇을 배울 것인가의 문제

Ⅴ. 평생공부와 평생평가

Ⅵ. 불면의 시간과 영생의 길

시간의 최선 활용 / 불멸의 순간의 축적(영생을 얻는 것)

범인(凡人)과 성인(聖人)의 차

* 시간의 구조와 교육

▶ 시간의 실체에 대한 본격적 해명: 본체적 시간, 현상적 시간

"기초주의는 시간관에 대해 더욱 본격적이고도 철학적인 논구가 앞으로 있어야 하겠으며, 또 이를 기대해 보는 것이다." 박선영(朴先榮)

6. 서도(書道)의 '기초'

'영(永)'이라는 글자에는 여덟 가지 종류의 기본적인 점획(点劃)이 포함되고 있으며, '영자팔법(永字八法)'은 이 한 글자를 정확하게 연습하면 다른 글자도 쉽게 잘 쓸 수 있게 된다는 뜻.

「요미우리 신문」(1980. 8. 29.)

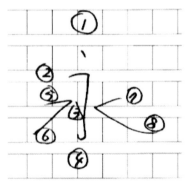

[그림 3] **영자팔법**

<표 1> 한자의 6가지 기본자형

기본자형		대표적 글자	포인트
정방형(正方形)	■	동(同), 행(行), 문(門)	세로획을 길고 무게 있게 쓴다.
세로 사각형 [縱長四角]	▮	료(了), 월(月), 자(自)	세로획은 강하게, 짧은 가로획은 경쾌 하게 쓴다.
가로 사각형 [橫長四角]	▬	팔(八), 공(工), 육(六)	좌우의 양 끝에 무게를 두어 쓴다.
삼각형(三角形)	▲	상(上), 좌(左), 부(父)	좌우의 넓이를 똑같이 쓴다.
역(逆)삼각형	▼	하(下), 우(右), 방(方)	위의 가로획을 시원스럽고 힘차게 쓴다.
원형(圓形)	●	동(冬), 행(幸), 락(樂)	중심을 잘 확인해서 쓴다.

7. 까치 나라로부터 까마귀 나라에

일본 도쿄(東京)에 와서 즉각적으로 귀에 거슬린 것이 있다. 그것은 아침 일찍부터 까마귀 우는 소리가 요란스럽게 들리는 일이다. 우리나라 같으면 까마귀가 흉조(凶鳥)이니, 아침에 까마귀 우는 소리를 들었다면 그 날은 볼일 다 본 것이다. 그런데 여기는 어찌 된 일인지 아침마다 까마귀 우는 소리를 듣게 된다. 라디오에서도 까마귀가 너무 많아 농작물을 해친다는 소식이 흘러나올 정도이다.

어쨌든 이곳에서 까마귀 우는 소리는 너무도 매일 아침 듣는 일이라서 아마 한국인인 나를 제외하고 일본인에게는 흉조(凶兆)로 느껴지지 않고, 까마귀 소리를 듣고도 출근에는 지장이 없는가 보다. 며칠 지나지 않아 나는 이곳 까마귀 소리는 우리나라 '까치 소리'에 해당하는 것이라고 생각을 달리 먹기로 하였다. 그러고 보니 여전히 듣기 싫은 까마귀 우는 소리지만 조금은 마음이 덜 쓰이는 것 같다. 그렇지만 역시 까치 소리를 아침마다 듣고 싶구나.

(1980. 08. 30)

8. 수영 이야기

신문에 일본 수영 자유형 200미터 신기록 수립을 보도하며, "사제 간 호흡이 딱 맞아떨어져"라는 제목의 기사가 실렸다. 이것을 보며 벌써 10년 전, 내가 한국 수영선수단 전지훈련 인솔 감독 시절이 되살아났다.

신문에 등장한 사카모토 히로시(坂本弘, 19세) 선수의 수영코치 혼다 다다시(本多忠, 29세)는 10년 전 「후지타 돌핀 스위밍 클럽」 시절 조오련(趙五連) 선수와 호적수(好敵手)였다. 그런데 지금은 제자 배양에 주력하고 있다. 세월의 흐름이 이다지도 빠르구나!

(1980. 09. 01)

9. 우주인의 심정과 나

우주 실험실에 있는 기분, 그것이 요즈음의 나의 생활 심정이다. 도쿄라는 하나의 거대한 캡슐 안에서 나는 나날을 보내고 있다. 처음 일본에 와서 지금 두 달이 지나가고 있으나 모든 면에 자신(自身)을 적응시켜야 하고, 얼떨떨한 기분이 아직도 완전히 가시지 않고 있는 것은 마치, 거대한 로켓의 힘으로 무중력 상태인 우주 공간에 발사되었을 때만큼의 기분이다.

나는 우선 이곳의 문화적·자연적 기압에 하루속히 적응하는 데 힘써 왔다. 이제 2개월이 완전히 지난 지금에 와서, 대체로 성공리에 궤도진입(軌道進入)이 이루어진 것 같다. 그러나 나는 내년 6월 말 무사히 귀국하게 될 때까지 조금도 긴장을 풀 수 없는 우주인(宇宙人)의 생활과 같은 것의 연속임을 알고 있다. 따라서 하루하루를 유익하게 지내려고 함은 물론, 그것은 산만한 개인적 경험이 아니라, 전체와의 관계에서 의의 깊은 것이 되게 해 보려고 하고 있다.

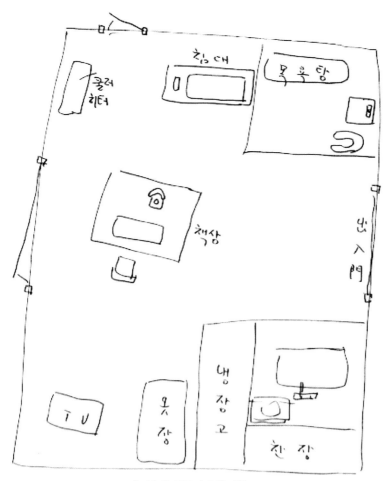

[그림 4] 도쿄 숙소의 배치도

또한 나 자신을 내성적(內省的)인 방법으로 객관(客觀)하고 있다. 하잘것없는 일들, 이를테면 식사의 명세까지도 적어두는 까닭은, 이런 것이 모두 나의 생활의 리듬이요, 학술연구의 리듬을 이루는 중요한 여건이라고 보기 때문이다.

(1980. 09. 02)

10. 고층 내진(耐震) 건물

미쓰이(三井) 빌딩, 가스미가세키(霞が関) 빌딩의 설계자인 다케다 기요시(武田淸) 도쿄대학 명예교수.

60층인 선샤인 빌딩을 고층 내진 건물로 설계할 수 있었던 것은 관동 대지진(1923) 때에도 쓰러지지 않은 5층 석탑[오중탑(五重塔)]이 지진에 강한 까닭에 착목(着目)하여, 층마다 진동을 흡수한다는 것을 밝혀내게 되었다는 것임.

11. 1980~1981 연구 계획

▶ 기초주의의 대성을 위하여… 다른 나라 문물과의 비교연구
① 일본 도쿄에서 계속된 1년간 생활경험(生活經驗)을 얻는다는 것
② 일본 교육학, 특히 일본 현대교육철학의 이해
③ 일본의 문화와 자연에 대한 광범한 이해
④ 일본 인사와의 교환(交驩)
⑤ 심신적 건강 정비

12. 게릴라 잔서(殘暑)

▶ 신문에 "게릴라 잔서로 선로가 엿가래같이 휘어지다"라고 보도한
   스크랩과 함께(1980년 9월 5일)
레일(선로)이 휘었다는 통보(通報)로 내가 타고 있던 「도쿄행」 전차도 수십 분씩 정차, 서행 후 나카노(中野)를 통과, 요쓰야(四ッ谷)에 와서 마루노우치선(丸の内線) 지하철을 타고, 가스미가세키(霞が関)에 와서 하차, 국립교육회관 6층 중회의실에서 개최 중인 일본산업교육학

회 연구대회에 참석.

실은 오전 8시 출발, 고다히라시(小平市) 오가와초(小川町)에 있는 시라우메 학원(白梅學院) 단기대학에 갔었음. 호소야 도시오(細谷俊夫) 회장이 이곳 학장이고 해서, 이곳에서 산업교육학회가 개최되는 줄 알았음. 대회장이 틀림없을 것으로 알았는데…

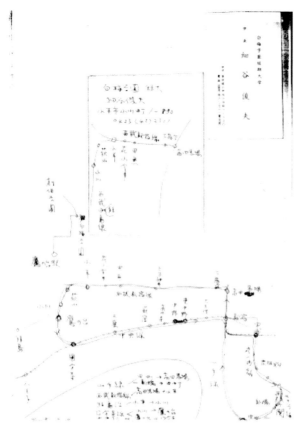

[그림 5] 학회장 명함과 지하철 노선

▶ 일본산업교육학회 제21회 대회 프로그램: 실은 신문을 통해 학회 개최에 대하여 알았고, 프로그램은 회의장에서 입수한 것임.

13. 풍향(風向)에 예민한 민족

▶ 기후 (풍토적 조건): 전방위성(全方位性) 외교와 관계가 있다고 봄.
오랫동안 전국시대를 통해 약삭빠른 사람만 살아남아 현재에 이
름. 태평양전쟁의 경우도 예외가 아닐 것.

▶ 한국의 TV 교양프로도 좀 더 해외의 문화 소식을 풍부히 편집 보도
할 필요가 있다고 봄. 격동하는 세계문화 동향을 알릴 필요가 있음.

14. 건강의 비결

▶ 24시간 단위의 생활: 식사는 단번에 며칠 분씩 미리 먹어둔다는
저장이 불가능함. 그러니까 하루하루 규칙적인 생활이 중요함.
(예) 고승(高僧) 중 '암(癌)'으로 쓰러진 사람이 있는지? 암이란 심
신 조화가 실속(失速) 상태에 빠진 현상이라고 보면 어떨는지…

▶ 운동량(運動量): 하루에 4km 걷는 양이 적절(한 시간 걷는 거리),
운동 역시 하루하루 적정량(適定量)을 함으로써 에너지의 소모가
있게 해야 함. 단번에 모아 두었다가 격렬한 운동을 하는 것이 좋
은 것이 아님.

▶ 노화(老化) 현상의 개인차: 노화는 6살 경부터 시작함. 이를테면
눈 같은 것도 그러함. 그것이 심해질 때 안경을 끼게 되는 것임.
* 80세 장수: 1000명에 5명꼴, 그중 4명은 여자.

15. 나의 깨달음의 순간

"구슬이 서 말이라도 꿰어야 보배란다" (한국속담)

'기초주의(基礎主義)의 구조(構造)'가 머리에 이루어졌을 때, 1957년 9월 당시에도 그렇거니와, 특히 1967년 12월 말에 「한국교육의 이념과 역사의식의 문제」(200자×800매)를 탈고했을 때, 새삼 '모든 것(삼라만상, 모든 지식, 남의 학설 등)'이 갑자기 연관성을 갖게 되고, 그 위치를 제대로 찾아가는 듯한 '밝음(갑자기 눈앞이 훤해지는 것)'을 감득(感得)하였다. 이것이 나에 있어 '깨달음의 순간'이었는지도 모른다.

* 메모: 기초주의에서의 평가척도: '3이념 6개념'과의 관계에서.

16. 나이의 호칭

60세: 환력(還曆)   70세: 고희(古稀)   77세: 희수(喜壽)
80세: 산수(傘壽)   81세: 반수(半壽)   88세: 미수(米壽)
90세: 졸수(卒壽) = 졸(卆)   99세: 백수(白壽)   100세: 백수(百壽)
108세: 다수(茶壽) = 卄(20) + 八十八(88)
111세: 황수(皇壽) = 白(百 - 1 = 99) + 王(十 + 二 = 12)

17. 국립교육연구소에서 한 연구발표

▶ 제15회 부내(部內) 연구회에서 「한국에서의 교육학의 진전 - 한국교육학 정초(定礎)의 역사적 자기전개」 발표함. - 발표요지(생략) 오후 2시부터 오후 5시까지 연구발표, 기다(木田) 소장이 참석하여 발표가 끝난 후 몇 가지 질문이 있었음.

기다 소장의 질문이 의미하는 것은 무엇일까? 최소한도 학술적인 예의 또는 진지한 학구적 질문으로 간주됨. 관료적인 분위기인데도 불구하고 훌륭한 사람임.

▶ 별기(別記)

9월 19일, 「한국에서의 교육학의 진전」은 예정대로 잘 되었음. 원고는 이미 일본어로 만들어 놓았고, 실제 발표는 구두로 하였음. 그냥 읽는 방식은 듣는 사람에게도 그렇고 잘 머리에 들어오지 않고 딱딱하기만 하며 강렬한 인상(印象)을 남기지 못하는 것이기에 피하였음.

질의응답에 대해서는 충분히 만족해할 정도로 대답한 셈임.

· 도덕교육
· 한국학
· 일제강점기 교육이 한국교육사에서 차지하는 위치

나의 답변으로 새로운 인식을 얻었으리라고 생각됨. 끝난 후 개인적으로 "중후한 발표였다."라는 논평이 있었음.

나 역시 통쾌함. 그러면 그렇지!

9월 19일 심야. 만취(滿醉)

18. 기초주의의 특색

▶ 무지의 지(知): 앎[知]에 대한 끝없는 갈증(渴症)

항상 자기 자신이 별로 아는 바가 없다는 자각(自覺)이야말로 인간 형성의 출발점이다.

인류의 문화유산, 선현(先賢)들에 대한 경외심(敬畏心)

기초환원적(基礎還元的) 사고방식

최고 경지의 상망(想望)과 사모(思慕)

19. 유학(遊學)과 생활

▶ 9월 21일 아침

* 미국 생활(1957~1958): 뉴욕 Columbia University T.C. Central Park + 여행
  숙소는 Whitier Hall 307호.

* 일본 생활[1](1969~1970): 히로시마(広島) 히로시마대학 + 여행
  숙소는 국제문화회관(國際文化會館) 307호.

* 일본 생활[2](1980~1981): 도쿄(東京) 국립교육연구소 + TV 분석,
  신문 분석
  숙소는 미나토구(港區) 시바우라(芝浦) 4-2-23,
  도쿄 베이사이드(ベイサイド) 807호.

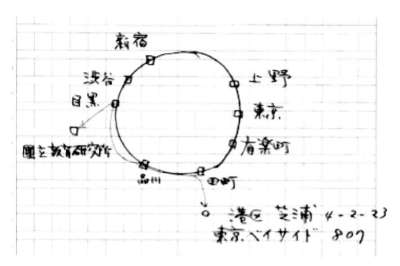

[그림 6] 도쿄에서의 교통: 숙사(塾舍)와 국립교육연구소 지하철 노선

원시시대부터 지닌 인간의 '생존본능'은 지금도 마찬가지라고 하리라! 외국에서의 생활은 우선 자기가 살아가야 할 고장을 최소한도 발로

걸어 다니며 확인하려고 한다. 이런 일이 어느 정도 진행된 후에 비로소 여기에 더 신경을 쓰지 않고, 좁은 자기 생활공간(=숙사)에서 학구생활에 뿌리를 내리게 된다.

　* 교육적 모세관 현상

20. 실제 일과(日課) 개요

▶ 3개월 가까이 생활하는 가운데 점차 틀이 잡히기 시작한 생활의
　1일과정(一日課程) 시간대(時間帶).

* 나는 1년을 단위로 하나의 전체적 연구 리듬을 생각하였고, 그것이 월(月) 단위, 주(週) 단위, 그리고 일(日) 단위의 생활과 연구의 리듬을 이루고 있다.

* 이 1일의 리듬은 내가 고국의 집에 있었을 때보다 그다지 크게 달라지지 않은 셈임. 다만 24시간 긴장의 연속이라는 점이 다르다고 하리라. 표면적으로는 긴장하고 있지 않다고 보일지 모르지만, 다시 고국 땅을 밟는 날까지는 긴장의 연속이리라. 그만큼 정말 자기 집일 때 참다운 안식(安息)과 삶이 있다고 하리라.

* 텔레비전을 보는 것은 엄선주의(嚴選主義)가 될 수밖에 없는데, 그것은 시간을 아껴야 하기 때문임. 그럼에도 TV를 자주 보게 되는 것은 일본 이해의 수단이기 때문임.

　- 5:30~6:00 기상, 음악 감상

　- 6:00~7:00 인생독본, 뉴스 등등 라디오 청취

　- 7:00~8:00 세면, 도수체조, 식사

　- 8:00~12:30(1:00) 연구 (독서, 집필 등)

　- 12:30(1:00)~1:30 점심

　- 1:30~3:00 연구

　- 3:00~4:00 오수(午睡), 독서

- 4:00~6:00 연구
- 6:00~7:00 식사, (산책)
- 7:00~(8:00) 12:00 연구
- (8:00~10:30) (TV, 영화, 단 교양프로)
- 12:00~1:00 라디오 청취, 명상(瞑想)
- 1:00~5:30 취침

21. 인간 형성의 핵(核) 사상을 통해서 본 교육적 체질의 이해

▶ 교육문화 유형학 / 비교교육학
* 프랑스인: 지성(知性) - 데카르트(R. Descartes)
  프랑스인은 공업제품의 선전이라든가 유통이라는 것에는 아직도 뒤떨어지고 있으나, 지식으로 만들어낸 신제품(新製品)을 파는 데에서는 누구에게도 뒤떨어지지 않는다.
* 한국인: 체계화(體系化)의 명수 - 멋
* 일본인: 중국과 한국으로부터 문화를 흡수, 수용하던 경우나 구미문화를 수용하는 데에서나 본격적 검토보다는, 이미 체계화된 '결론' 즉 성과만을 자기 것으로 동화(同化)하는 것이 체질화되어 있다. 그러기에 꼼꼼한 자료수집 등은 아주 잘함.

22. 기초주의에서는 정진(精進)이 있을 뿐

기초주의에서는 인간의 불완전성을 시인한다. 인간은 신(神)이 아니다. 영원히 완전(完全) 즉 지어지선(止於至善)에 머무를 수 없는 살아있는 존재이다. 그러니만큼 부단한 정진(精進)이 있을 뿐이다.

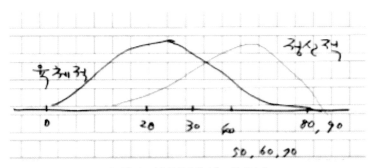

[그림 7] 기초주의에서 보는 생애주기

　육체적으로 정력이 왕성할 때와 정신적(학문적, 문화적, 교양적)으로 왕성할 때가 일치할 수 있는 시기는 [그림 7]에서 보는 것처럼 너무도 짧은 '일순(一瞬)'. 그래서 "육안(肉眼)이 어두워질 무렵 심안(心眼)이 열려 오는구나!"라는 개탄(慨嘆)을 하게 되는가 보다.

23. 기초주의 연구

　종래의 철학자들은 유독 '교육철학'을 경시·조소하는 풍조가 있었다. 그러니만큼 '교육철학' 연구는 이제부터라는 감이 짙다.
　* 교육적 존재론: '있음/있다'의 문제
　* 교육적 지식론: '앎/안다'의 문제
　* 교육적 가치론: '값/값지다'의 문제

24. "기초로부터 새로운 기초에까지"

　▶ 천재(天才) > 영재(英材) = 우수인(優秀人) > 범인(凡人) > 범인 이하.
　　범인 이하의 사람들에게도 무언가 뛰어난 것이 조금이라도 있는 것이 아닐까? 교육자는 이 '범인 이하'조차도 자신의 삶을 절대로 포기하지 않도록 배려하는 것이 매우 필요함.

▶ 기초(基礎): 교육자의 처지에서는 자신이 터득한 혹은 인류가 도달한 최고 경지의 것(=기초)을 피교육자에게 전수한다.

* 최상급의 학생은 '기초' + 알파(α)로 새로운 경지를 개척하는 자. 하나를 듣고 열을 아는 천재(天才)의 경우는 지극히 드물다. 그러나 실제로 이러한 천재가 있다. 인류문화의 비약적 발전은 이들이 공헌한 바가 지극히 크다.

* 상급의 학생은 '기초'에 대하여 80~90% 이상 정통한 사람
* 중급의 학생은 59~70% 정통한 사람
* 하급의 학생은 50% 이하, 혹은 반타작도 못 하는 사람

▶ 불교에서의 '진여(眞如)': '진여'는 중생심(衆生心)의 본체요, 만유(萬有)의 보편적 실체 - 기초주의에서의 '기초' 역시 보편적 질서라고 생각함. 그것이 개체에서는 '개별성'으로서 그러한 보편적 질서가 제시된 것이다. '진여(본래의 실체)'로 복귀할 수 있다는 '확신 속에'[1] 인간 형성의 논리를 전개하고 있는 것이 불교의 '진여연기(眞如緣起)'설이다.

25. 신우치[진타(眞打)]

일본의 '라쿠고카이(落語界)'에서는 최고 제자를 독립시켜 '라쿠고카(落語家)'로서 세상에 니기게 할 내 '신우지'라는 말을 쓰고 있다. 이것은 매우 재미있는 표현이다. 진짜를 때려낸 것 즉 진타(眞打)이니, 떳떳이

---

1) 더욱 겸손한 표현은 역시 '끝없는 정진(精進)'이라는 것이 옳을 것으로 안다. 인간의 불완전성에 대한 시인이 필요함. 그렇건만, '정진'의 삶을 종생(終生)토록 포기하지 않는 것이 더욱 인간적인 것이라고 나는 확신한다.

하나의 독립된 직업인으로서 자기 분야에서 활약하기에 족하리라. 기초
주의에서는 모든 학생(피교육자)이 진정으로 자기 분야에서 한 방 때릴
수 있는 능력을 지닌 '신우치'가 될 수 있게 해보자는 생각을 갖고 있다.

26. 사상의 자유

▶ 1945년 을유광복(乙酉光復)과 함께 우리는 다시 없는 큰 선물을
받았다. 물론 이것은 선열들의 덕택이다. 종래의 사람들은 심하게
자유롭게 사유하는 일 '사상의 자유'가 제약되고 있었다. 그런데
지금 우리에게는 특정 기성체계에 사로잡혀야 할 제약성을 전혀
받지 않고 살 수 있게 되었다.

이제 우리는 인류의 예지(叡智)로부터 그것의 계보를 물을 것 없
이, 진리와의 관계에서 크게 배울 수 있고, 또 자기 사상을 체계화
할 수 있게 되었다. 이 얼마나 복 받은 일인지 모르겠다. 따라서
현대인 모두가 아무리 힘이 드는 일이라 할지라도 철두철미 자기
머리로써 사색(思索)하는 일을 포기해서는 안 될 것이다.

27. 3이념 6개념과 삼학(三學) 육바라밀(六波羅密)

▶ 3이념 6개념과 삼학 육바라밀의 차이는 '시간관의 차이와 관련됨.
「기초주의」는 '인간발달과정'을 의식하고 있음. 그러면서도 인간 형
성의 논리 전체가 교육적 가치체계(價値體系)로서 제시되고 있다.

<표 2> 기초와 진여의 3-6 비교

1핵	3 이념	6 개념		1핵	3 학(學)	6 바라밀(波羅密)[2]
기초 (基礎)	시간(時間)	문화 = 효(孝), 성(聖)		진여 (眞如)	정학(定學) = 경장(經藏)	지계(持戒)
		생활 = 성(誠), 건(健)				선정(禪定)
	자유(自由)	지성 = 공(公), 진(眞)			혜학(慧學) = 논장(論藏)	지혜(智慧)
		인격 = 관(寬), 선(善)				인욕(忍辱)
	질서(秩序)	협동 = 근(勤), 부(富)			계학(戒學) = 율장(律藏)	정진(精進)
		봉사 = 신(信), 미(美)				보시(布施)

이타(利他)의 실천(實踐)	자리(自利)의 수행(修行)
보시(布施), 지계(持戒), 인욕(忍辱)	정진(精進), 선정(禪定), 지혜(智慧)

삼학(三學)	계학(戒學)	보시(布施), 지계(持戒), 인욕(忍辱), 정진(精進)*
	정학(定學)	선정(禪定)
	혜학(慧學)	지혜(智慧)

* '정진(精進)'은 '삼학(三學)' 전체에 두루 통함.

28. 논리구조 지남적 기능성

박선영 교수는 기초주의에 대하여 다음과 같이 평하였다.

"그러나 이 넓은 지평이야말로 기초주의(基礎主義)가 안고 있는 강점인 동시에 약점이 될 수 있다. 하나의 사상이 보편적 적용의 가능성을 널리 소유하고 있음은 곧 강점이 되겠다. 그렇지만 그것은 견고한 논리적 밑받침이 있을 때 장점이지 그렇지 못할 때는 정련(精鍊)되지 않은 일반적 상식론에 떨어지기 쉬운 것이다."   박선영(朴善榮)

그러나 이는 기초주의의 '논리구조 지남적(指南的) 기능성'을 모르고 한 말이다. 이것은 마치 '자이로컴퍼스(gyrocompass)'와 같은 기능의 것

---

2) [편집자주] 바라밀(波羅密)은 불경을 한문으로 번역하며 음사(音寫)한 것으로, 도피안(到彼岸)의 의미로, 자리이타(自利利他)의 여섯 가지 실천덕목을 말함.

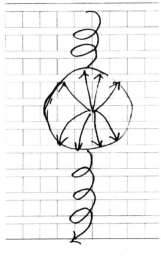

[그림 8] 기초주의 종단면도

으로 상정한 것이다. 그는 또한 "존 듀이(John Dewey)의 상대적 진리관과 낙관적 진화론을 상기케 한다."라고 하였는데, 이 역시 기초주의의 경우는 '통합적 다원가치관(多元價値觀)'을 갖고 있기에 구별되는 것이다.

[그림 8]의 종단면도에 표시한 바와 같이, 스프링식 표시는 '진보'만 있는 것이 아니고, 때로 노력이 부족하면 '퇴보'도 있다는 것을 경고한 것이니, 듀이류(流)의 낙관적 진화론이 아님을 알 수 있을 것이다.

29. 교육의 비연속성

▶ 탐구(探究) - **각성(覺醒)** - 실현(實現)

기초주의의 '각성(覺醒)'에는 실존주의에서 말하는 '비연속성(非連續性)'의 원리도 포섭(包攝)됨을 알 수 있다. 이 말을 굳이 밝히는 까닭은 기초주의에도 실존주의에서와 같은 '비연속성'이 있느냐는 물음에 답하기 위해서이다.

30. 교육철학은 학습자에게 개방되어야 한다.

교육철학은 학습자(피교육자)에게 개방되어 있어야 한다. 교육학자는 물론이거니와 교육자 자신도 교육철학을 배워야 한다는 것은 누구나 당연한 일로 알고 있다. 그러나 학습자(피교육자) 자신이 '교과목 학습'뿐만이 아니라 '교육철학'부터 배워야 한다는 데 대해서는 전혀 생각지 않고 있다. '기초주의'에서는 학습자가 교육철학(여기서는 '기초주의')부터 배워야 한다고 생각한다.

31. 기초주의의 이해

기초주의에서는 교육내용과 아울러, 좀 더 엄밀하게 말하면 교육내용의 학습 이전에 '인간 형성의 논리'부터 터득하게 하려고 한다. 교육원리의 학습을 강조한다. 그것은 곧 기초주의에 대한 올바른 이해라고 하겠다. 기초주의 교육철학으로서의 특색 중 하나는 교육철학(기초주의)을 교육자의 독점물로부터 피교육자에게 개방하는 데 있다. 특히 '입지(立志)'의 중요성을 강조한다. 역사적 자아 '각성'이 바로 그것이다.

피교육자(아동, 생도, 학생)가 자기 형성의 원리, 즉 기초주의에 정통(精通)하고 있을 때, 그것은 종래와 같이 교사가 주도하는 교육과는 현저하게 다른 진정한 교육이 될 것이요, 그 교육적 성과 또한 눈부신 것이 기대되리라고 본다.

'학습의 학습'이라는 말이 있듯이 어떻게 배우는가, 배우는 방법부터 배우는 것이 소중하다는 생각이 있다. 기초주의 역시 이렇게 인간이 되는가, 인간 형성의 논리부터 배우게 하자는 것이다. 이것은 어린아이에게는 어린아이가 알아들을 수 있는 정도로 해서 가르쳐주면 되리라고 본다. 진리(眞理)란 가장 쉬운 말로 표현할 수 있는 것이기 때문이다.

32. 기초주의의 특성

1) 인류의 교육적 예지의 긍정적 계승: 진정한 이회(理會) + 한국의 교육적 전통에 대해서는 말할 나위도 없음.

2) 평화 지향적: 다행히 '멋, 선비, 참' 등에서 평화 지향적인 원형을 찾을 수 있음.

3) 역사적 자아 강조: 탐구, 각성, 실현

4) 자기 철학 형성의 권장: 기초주의에 접함으로써, 누구나 자기 자신의 철학을 '체계화'해 볼 수 있게 한다는 것.

5) 전체적 구조, 관련성 강조: 종래 학자들의 주장은 나열식인 데 반하여, 기초주의의 특성은 논리구조 지남성(指南性)에 있다.

기초주의에서는 '도표화'한 것이 많은데, 이것은 어떤 의미에서는 국내는 물론이거니와 특히 외국인에게 그 진의(眞意)를 전달하는 데도 매우 호소력과 설득력이 클 것으로 생각한다. 도표는 많으나, 그 설명이 부족하다는 얘기가 나올 수도 있겠으나, 그것은 계속 앞으로도 다른 저서 간행을 통해 설명해 갈 수 있다고 본다.

33. 기초주의의 발상에서는…

기초주의는 발상에서부터 일체의 학문적 권위로부터의 이유감행(離乳敢行)이다. 즉 철저하게 자기 자신의 머리로써 끝까지 생각해 보려고 하였다. 이리하여 '기초주의'에 대하여 절대공감자(絕對共感者) 한 사람이 있음을 나는 자랑스럽게 생각한다.

그는 누구인가? 다름 아닌 '기초주의'의 창도자(創道者)인 나 자신이다. 그 후 한 사람이라도 공감자가 나타난다면 기초주의(신봉)자의 수효는 늘어가는 것이다. 이미 그 수효는 늘고 있다.

* 20세기의 특징은 분석의 시대

* 새로운 통합의 시대에 기초주의는 '논리구조 지남성'이라는 새로운 길을 제시하고 있다.

34. 교육철학회 특별강연: 「기초주의의 구조」

▶ 1980년 9월 27일(토) 오전 11시, 회의 장소인 도쿄여자대학에서
오우라 다케시(大浦猛) 회장 소개에 이어, 11시 15분부터 12시 30
분까지 꼬박 75분간 강연(講演)을 하였음.

나는 보이지 않는 힘에 의하여, 나의 교육철학인 「기초주의」를 자기
나라 교육학회 학술대회도 아닌 남의 나라 학회의 학술대회에 초대되
어 특별강연을 하게 된 것이니, 이것 하나로도 의의(意義) 깊은 일로 여
겨진다. 나는 이번 초청 강연으로 우선 일본의 대표적인 교육철학자들
을 힘 안 들이고 한 자리에서 만날 수 있게 된 것이 기뻤다. 어차피 한
번은 만났으면 하던 학자들이었으니 말이다. 이것은 이번에 대체로 달
성된 셈이다. 저서를 통하여 이름은 알고 있었으나 실제로 만나기는 처
음인 학자가 많았다. 이 점도 좋았다고 본다.
　강연에 앞서 내가 생각한 것은 어떻게 하면 주어진 짧은 강연 시간
을 통해서 효과적으로 내가 의도하는 바를 정확히 전달할 수 있겠느냐
는 것이었다. 그 결과 생각해낸 것은 다음의 세 가지였다.
　첫째, 「기초주의의 구조」 관계 도표(圖表)를 인쇄물로 하여 자료로
배부하는 일, 이것은 준비위원회에 부탁하여 강연 직전에 바로 이용하
여 매우 효과적이었다고 생각됨.
　둘째, 기초주의 관계 저서를 가지고 가서 강연 중 적절히 소개하는
것. 이것도 역시 결과적으로 좋았던 것 같음. 국내와 달리 내가 어떤
사람인지, 또 강연은 하지만 책으로 낸 것은 있는지 등 마음대로 추측
할 수도 있었으나, 여러 중후한 저서 등을 보임으로써, 일단 청중의 마
음을 잡는 효과도 있을 것으로 판단한 것인데 역시 좋았다고 생각됨.
　소개한 책은 『기초주의』, 『한국교육철학의 구조』, 『교육의 역사 철
학적 기초』, 『교육관의 확립』, 『현대인과 기초주의』였음. 오우라 회장
에게는 『현대인과 기초주의』 한 부를 증정하였음. 나에 대한 소개 자료
가 1965년에 나온 일역본 『한국교육사』에 기재된 것에 의하는 것임을

전날 간친회(懇親會) 때 알고, 겸사겸사 나의 이해에 도움이 되게 하려고 이 책을 보여 주려던 의도와 함께 이 강연내용의 보충자료가 되게 하려는 뜻도 있었던 것임.

셋째, 원고로 강연내용 전문(全文)을 일어로 썼는데 이것은 훗날 기회를 보아 학술지에 게재할 생각도 있어서였음. 그러나 실제에서는 요지(要旨, resume)를 중심으로 주요항목을 제시한 것이기에, 구두로 그야말로 정말 강연을 하였음. 그 결과 가끔 적절하게 유머를 섞어 웃게 할 수도 할 수 있었고, 또 청중들의 태도 및 표정의 변화 등 전체 분위기를 적절히 파악할 수 있었음.

처음 단(壇)에 서서 책을 나란히 놓고 강연원고를 정리하는 동안 장내에서 박수가 있었음. 이어서 나도 인사를 하였고, 우선 우리말로 자기소개를 하였고, 이어서 처음부터 일본어로 해달라는 부탁이었기에 일본어로 인사와 아울러 전체 구성을 설명하고 이어 본론에 들어갔음. 끝날 때, "구슬이 서 말이라도 꿰어야 보배"라는 우리 속담을 말함으로써, 이 '기초주의'가 인류의 교육적 예지를 꿰어 묶은 하나의 보배라는 (간접적) 암시를 하였다.

처음 예정보다 시간이 초과한 것을 서로 의식하고 있기에, "우리말로 했더라면 지금보다는 덜 시간이 걸렸을는지도 모르는데 시간이 많이 초과하였다."라고 하고, "이것 역시 '기초'의 문제라고 생각한다."라고 하며 끝을 맺었다. 물론 폭소가 터졌다. 강연이 끝나자 몇 번이고 박수가 이어졌다. 나는 음악연주회에 나간 지휘자처럼 몇 번이고 답례하고 단을 내려왔다.

(1980. 9. 28. 아침)

강연(원고도 그렇거니와)에서 끝부분에 「기초주의의 특징」이라 하여 6항목을 열거한 것은 역시 잘한 것 같다. 이것은 본 강연을 다 듣고 난 후 반드시 질문할 만한 것이기에 (이번 강연에는 전례에 따라 질문시간은 없기로 되어 있었으나) 미리 명확하게 6항목을 얘기해 두었다. 요약 및 결론으로서도 적합할 것이기에.

"힘을 뺀다는 것은 힘을 들인다."는 것이다. 이 강연 역시 힘을 빼고 담담(淡淡)하게, 되도록 군더더기가 없게 얘기를 진행시켰다. 대체로 뜻한 대로 이루어진 것 같다.

1957년 9월: 기초주의의 명명(命名)

1958년 8월: '기초주의' 네 글자를 논문에 소개 (활자화)

1966년 5월: "기초주의의 제창"

1968년 1월: 논문 "한국교육의 이념과 역사의식의 문제" 발표

1968년 5월: 저서 『한국교육의 이념』 출간

1973년 5월: 저서 『기초주의』 출간

1979년 4월: 합동통신사 교양강좌 강연 "현대인과 기초주의"

1979년 8월: 저서 『현대인과 기초주의』 출간

1980년 9월: 특별강연 "기초주의의 구조"

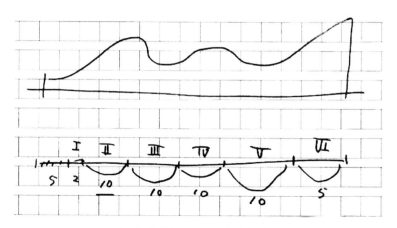

[그림 9] 강연 중 6항목의 시간 배분

35. 특별강연 「기초주의의 구조(基礎主義の構造)」의 반응

▶ 무라이 미노루(村井實) 교수와의 대담

1) 「기초주의」가 무엇인지 강연을 듣고 보니 잘 알 수가 있었다. 자기 철학을 얘기한 것이기에, 남의 교육철학 소개를 듣는 것과 달라서 아주 이해하기가 수월하였다.

2) 일본과 달라서 한국에서는 이렇게 "진짜 철학을 하고 있다."는 것을 알고, 일본과 독일 협동지 『문화와 교육』 간행 그룹이 그날 강연 후 저녁을 함께하면서 화제로 삼았고, 일본교육철학의 풍토를 크게 반성하였다. 일본은 외국 교육철학의 소개, 조술(祖述)이 주류인 상태다.

3) 논문을 읽는 형식이 아니고 얘기식이었기에 (강연) 듣기 좋았다. 지루하지 않았고 이해하기에 좋았다.

4) '이끼(いき)'에 대해서까지도 알고 있는 데에 놀랐다.

5) '기초주의'라는 학문적 그물(체계)은 잘 되어있다. 모든 얘기가 이 그물로 건져질 수 있을 것 같다.

6) 구미 교육철학에 심취(心醉)한 사람들의 경우는 어떻게 평할는지 듣지 못하여 모르겠으나 적어도 자기 주변의 일·독 협동연구지 『문화와 교육』 그룹(森田孝, 長井和雄)은 저녁 회식 때 전적으로 공감을 표시하였다.

▶ 후지와라 히데오(藤原英夫) 교수: 고난 여자대학(甲南女子大學)
한번 고난 여자대학에서 만날 수 있게 이시도 유타카(石堂豊) 교수와 마쓰이(益井) 교수 등과 함께 주선하고 싶다. 시타호도(下程) 교수의 제자임. 교토대학 철학과 출신, 사회교육학의 권위자.

▶ 마쓰이(益井) 교수: 고난 여자대학, 전 국립교육연구소 부소장
기초주의 자체도 그렇거니와, 그것 이상으로 가슴이 뭉클했던 것은 동양 관계를 다루었던, '멋의 교육철학적 구조' (한·중·일의 비교) 표를 보게 되었을 때이다. 여기서 학문적으로 많은 시사를 받았다.

36. 아베 히로시(阿部洋)에게 보낸 마쓰카와(松川) 교수의 서신(書信)

▶ 마쓰카와 준비위원장(교육철학회)이 아베 히로시에게 보낸 편지. 아베가 나에게 보여 주었기에 알았는데⋯ 한 장 복사하여 주겠다고 하였는데(10월 1일), 그 개요를 잠깐 읽어보니, 대단히 정확한 일본어로 강연을 하였음. 큰 감명(感銘)을 받았음.
유머를 섞어 가면서⋯ 등등.

<원문>	<번역문>
東京女子大學 1980年 9月 29日	도쿄여자대학 1980년 9월 29일
阿部 洋 先生	아베 히로시 선생
朝夕め、きり涼しくなりましたが、お変りございませんか。 　教育哲學會大會では韓基彦先生から非常に立派な御講演聞くことが出來、叁會者一同深い感銘をうけ、又共感を多くの点で覺えさせられました。 　当日は氣候には芽ぐまれず、肌寒い一日でしたが百名おこす熱心の聽象を前に韓先生は正確な日本語で力强く、時にユーモアに交え有益な示唆に富むお話をして下さいました。會場で配布された資料を同封致します。 　本当に色々とありがとうございました。略儀乍ら書面にて一言お禮申上げます。 　　　　　　　　松川 成夫	아침저녁으로 서늘해졌는데 건강하신지요? 　교육철학회 학술대회에서 한기언 선생의 매우 훌륭한 강연을 들었습니다. 참석자 모두 큰 감명을 받았고, 많은 부분에서 공감하게 되었습니다. 　강연 당일은 좀처럼 보기 힘든 추운 날씨였습니다. 하지만 한기언 교수는 백 명이 넘는 청중들을 앞에 두고 열성적인 모습을 보여주었고 정확한 일본어로 힘있게, 때로는 유머를 넣어가며, 유익하고 시사점이 풍부한 이야기를 해주셨습니다. 당일 대회장에서 배포한 자료를 동봉합니다. 　정말 여러 가지로 감사했습니다. 간략하게나마 서면으로 한마디 적어 보냅니다. 　　　　　　　　마쓰카와 시게오

37. 협동(協同)의 개념

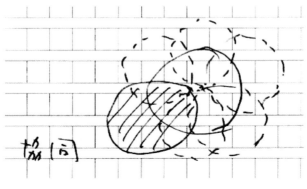

[그림 10] 기초주의 6개념 중 협동 개념

▶ 모든 사람의 인생을 예술적 경지에까지 승화시키는 인간 형성의
   기본원리: '협동'과 개성 통합적 교육과정

* 실례: 어떤 심신 장애자의 경우 새끼를 꼴 줄 모르는데, 그 대신 새
  끼 꼬기 좋게 벼를 망치로 쳐서 부드럽게 하는 단조로우나 새끼
  꼬는 모든 공정에 있어 빼놓을 수 없는 일을 맡았다. 본인도 지루
  한 줄 모르고 만족하면서 일을 해냈고, 다른 사람들은 오직 새끼만
  꼬니 능률이 오르더라는 얘기. 따라서 천재이건 심신 장애자건, 능
  력에 우열이 있으나, 한 개인으로서는 그가 그중에서도 가장 득의
  (得意)로 삼는, 그의 능력 중 가장 뛰어난 능력적 특성을 최고로 발
  휘할 수 있다면, 그 자신도 만족감을 맛보거니와 전체에 대해서도
  크게 공헌하게 됨을 알 수 있다. 이것이 참된 '협동'의 모습이요,
  '개성통합적 교육과정'을 언급해야 할 근거이다.

* 대소(大小)의 역사적 자아 : 한 가지 종류로만 이루어진 '순림(純林)'
  의 숲은 아름다운 '숲[미림(美林)]'이지만 어느 시기가 오면 도리어
  성장이 잘 안 됨. 따라서 다양한 나무들이 함께 자라는 '잡목림(雜
  木林)'의 자연적인 숲[자연림(自然林)]이 곧 '협동'의 모습!

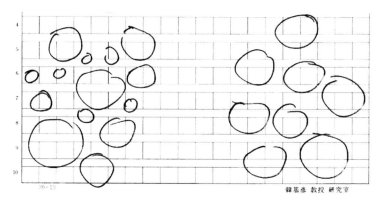

[그림 11] 잡목림(雜木林)과 순림(純林)의 구성적 특징

38. 노추(老醜)를 멀리하자

▶ 나이가 들수록 마음의 여유를 보여라. 절대 초조해하지 말라.
- 나는 인생(人生)이 갈수록 즐거울 것만 같다. 그리고 세상을 기쁜 마음으로 떠날 수 있는 그런 마음이다. 나의 심경(心境). 그것은 자손들이 있기에 오는 마음의 여유라 하리라.

39. 선탈과정(蟬脫過程): 구(球)에의 무한접근 - 교육적 모세관 현상

▶ 인간발달과정: 발전(發展)과 통정(統整)의 율동적 자기 전개

  1단계: 태어났을 때 - 신생아는 피부가 쭈글쭈글함.
  1-1단계: 점차 피부도 탄력성을 갖게 됨.

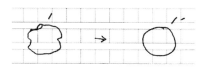

[그림 12] 1단계 발전과 통정

2단계: 유치원이나 초등학교에 들어가면 새로운 환경에 적응하느라 어리둥절하고 쭈글쭈글.

2-1단계: 그러나 학년이 올라가 초등학교 6학년쯤 되면 제법 모든 것에 익숙하게 되어 '구'에 가까운 탄력성을 보임.

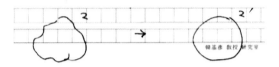

[그림 13] 2단계 발전과 통정

3단계: 중학교, 고등학교, 대학 등 새로운 단계의 학교에 들어갈 때마다 여태까지 통정되어 있던 개아(個我)도 그때마다 새롭게 적응될 때까지는 어리둥절하니 쭈글쭈글한 상태임.

3-1단계: 중, 고, 대학의 고학년이 되면 통정되어 완전한 '구(球)'에 가까워짐.

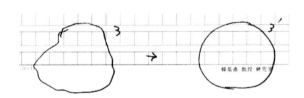

[그림 14] 3단계 발전과 통정

4단계: 사회에 나가 적응될 때까지는 다시 쭈글쭈글… 직장을 다른 곳으로 옮겼을 때, 혹은 외국에 나가게 되었을 때 등등.

4-1단계: 한 직장에 오래 있는 동안 자신감을 얻게 되고 통정된 '구(球)'의 상태를 보이게 됨. 다년간 외국 생활을 하여 이에 잘 적응된 경우 역시 같음.

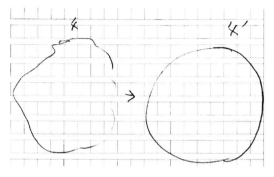

[그림 15] 쭈글쭈글에서 팽팽한 '구(球)'로

이리하여 '삶[生]'을 마칠 때까지 사람은 선탈과정(蟬脫過程)을 통하여 인간이 점차 커지는 것이며, 그것은 '구(球)'의 직선적 확대라기보다는 여기에 그림으로 보여 준 바와 같은 발전과 통정을 되풀이하면서 크고 팽팽한 구에 이르도록 형성되어 가는 것이라고 하겠음.

40. 기초(基礎)의 발견

▶ 포정(庖丁)의 칼: 『장자(莊子)』에 나오는 이야기.
- 소를 해체하기를 수십 년, 그럼에도 칼은 방금 숫돌에서 간 것과도 같이 예리한 채로. 그것은 살과 뼈 사이의 간극을 따라 소를 해체하였기 때문임.
- 일본어 쓰보(つぼ), 즉 경혈(経穴)의 사례: 의사가 환자를 진단할 때, 딱딱 아픈 곳을 잘 찾아내서 누를 때가 있을 것이다. 검진하는 요소로, 이것을 제대로 할 수 있느냐 없느냐에 따라 그 의사의 질적 수준을 묻게 될 것이다. 누를 곳을 제대로 짚어내느냐의 여부, 이것이 명의(名医)와 범의(凡医)의 갈림길일 것이다.

(1980. 10. 2. 아침)

41. 일본인의 사대성(事大性)

강대국 사람인가 약소국 사람인가, 그의 직위는 높은가 낮은가, 누구와 친분이 있는 사람인가, 말하자면 누구 소개로 알게 된 사람인가 등 언제나 '강자지향'의 사대성은 일본 사람들의 일반적인 의식 성향인 듯하다.

그러기에 그 옛날 김옥균이라든가 손문(孫文), 장개석(蔣介石) 등이 일본에 망명하였을 때에도 일본인들은 그들을 냉대했다. 그러기에 훗날 중국의 지도자층에 항일 경향이 생긴 것도, 일본의 중국 대륙 침략이라는 직접적인 원인(原因) 이외에도 이 같은 원인(遠因)이 있다고 본다.

근래에 와서는 이런 것을 고려하여 아시아 유학생에 관한 조사연구도 하면서 그 옛날의 과오를 되풀이하지 않으려 노력하는 것 같으나, 베트남 유학생 등이 외국인 웅변대회에서 불만을 토로한 것을 보면 아직도 뿌리 깊은 난제(難題)인 듯.

국제 정세 변화에 따라 서둘러 타이완(台湾: 자유중국)에 등을 돌리고 중공(中共) 측에 가까이 하려 일본인 모두가 대단한 열을 올리고 있다. 동남아에 대해서도 큰 관심을 표시하고 있다. 경제적 이점이 크게 그들의 마음을 움직이고 있는 것이 사실인 것 같다.

42. 내가 세운 체일(滯日) 1년간의 계획은…

▶ 나는 고국을 출발하기 전에 일본 유학(遊學: 留學이 아닌) 생활 1년간의 대체적인 계획을 세워본 적이 있다.

첫째, 일본에서의 실제적인 생활경험을 꼬박[정미(正味)] 1년간 해본다. 이 말의 뜻은 여태까지 여러 차례 일본에 들른 적이 있었으나 히로시마에 반년간 체재(滯在)한 일(1969. 10. 13.~1970. 4. 12.)이 가장 긴 편이었다. 이런 사실을 얘기하면 나를 아는 우리나라 사람들도 그렇거니와 일본인들 역시 이상한 표정을 짓는다. 일본에 대해 다년간 많은 연구를 하는 것 같은데, 그 정도밖에 체류한 적이 없는가 하는 표정이다. 어쨌든 이번에는 1년간 (하루인들 같은 날짜는 없는데), 일본의 1년의 기후를 비롯하여 사회생활을 경험해 보려고 하였다. 그것이 지금 진행중에 있다고 하리라.

둘째, 국립교육연구소에 학문 연구의 근거지를 둔다. 그러나 나의 체류 기간은 1년 한정이기에, 국립교육연구소에 얽매이는 생활 리듬은 만들지 않기로 한다. 이곳 연구원은 그래야 하겠지만, 지나치게 연구소 연구실만 지키는 식의 생활을 하면 그것은 도리어 내가 다각적으로 일본 생활을 경험하려고 하는 취지나 의도에 어긋나는 것이 된다.

더욱이 나의 연구실이라는 것은 그 위치가 연수차 일본에 온 외국인들의 휴게실과도 인접해 있고, 또 관계 직원 사무실이 있어 여간 시끄러운 곳이 아니다. 애써 이 시끄럽기 이를 데 없는 연구실에 꼬박꼬박 매일 나가 앉아 있는 것은 매우 시간이 아까운 일이다.

셋째, 저명 학자와의 교제. 이미 이곳에 온 후 국립교육연구소와 교육철학회에서 연구발표와 강연을 하는 것을 계기로 많은 저명 교육학자들과 알게 되었다. 그중에서도 몇몇 인사들과 더욱 학문적으로 깊은 인연(因緣)을 가질 생각이다. 다만 피상적으로 많은 사람을 알게 된다는 것을 기뻐할 것은 아닌 줄로 안다. 현재도 그렇거니와 장차에도 정말 사귈만한 학자를 정선(精選)하여 더불어 학문적 연찬을 해 나갈 생각이다. 이 모든 것을 해 나가는 가운데 나는 나의 교육철학인 기초주의를 보다 정치(精緻)하게 이론 체계화해 갈 생각이다.

또한 몸 상태를 늘 양호한 상태로 하여 귀국한다는 것이 나의 목표임. 나의 활동 시대는 이제부터임. "60대부터 인생의 꽃이 피게 하리라."라는 것이 나의 입버릇이자, 참 마음임. 오늘은 도쿄여자대학과 교육철학회의 준비위원회로부터, 이번 대회에 수고가 많았다는 감사의 인사장과 함께 강연할 때 찍은 사진 4장을 보내왔음. 곧 편지와 함께 동봉하여 아내에게 보내야겠다.

그렇지 않아도 「기초주의의 구조」 강연 장면은 두고두고 기념할 만한 성질의 사진이기에 준비위원회 측에서 보내 줄 것으로 처음부터 예기했던 일이나 역시 감사한 일임. 그런 뜻에서 Grant 스카치 위스키 새 병을 뜯어, 소 혀 스튜(tongues stew) 등과 함께 맛있게 저녁을 먹음. 점차 이곳 생활이 나의 생활이 되어가고 있음.

(1980. 10. 4.)

43. 일본인의 웃음

데루오카 야스타카(暉峻康隆: 와세다 대학 명예교수)

▶ 낙서(落書)

* 하늘은 사람 위에 사람을 만들지 않았고, 사람 밑에 사람을 만들지 않았다. (天は人の上に人を造らず、人の下に人を造らず。)

후쿠자와 유키치(福澤諭吉)

　=> 하늘은 사람 위에 사람을 태워서 사람을 만들었다. (天は人の上に人を乗せて人を作る。)　　와세다 대학에 적혀있던 종전 후 낙서

▶ 화자(和字: 일본식 한자):

* 도게(とうげ): 고개 상(峠)

* 시쓰케(しつけ): 예절 가르칠 미(躾)

* 하나시[噺: はなし]: 항상 새로운 얘기[화(話)]를 해야 한다는 데서 유래 口+新 => 이야기 신(噺)

* 노조쿠[眈: のぞく]: 구멍(穴)으로 들여다 보다[목(目)]의 뜻에서 => 즐길 탐(眈)

▶ 센류(川柳)3) 사례

* 女房を尻で見分ける田植の日 (뇨오보오오 시리데미와케루 다우에노

---

3) [편집자주] 에도 시대 서민층 사이에서 성행한 5 · 7 · 5의 세 구(句)로 된 풍자 · 익살을 주로 한 짧은 시. 대부분 구어(口語)를 사용하고, 인정(人情) · 풍속, 인생의 약점, 세태의 결합 등을 파헤치고, 간결 · 해학 · 기지 · 풍자 · 기발함이 특색. 『다음 일본어 사전』

히): 집사람을 엉덩이로 구분하게 되는 모내기 날
* 捨てるくずしゆうとコッソリ確かめる。(스테루구즈 시유우토곳소
  리 다시카메루): 버린 쓰레기 시어머니 몰래 확인해 보다
* 泣く泣く取る形見分け。(나쿠나쿠 도루 가타미와케): 울며불며 (죽
  은 이의 유물 등을) 손에 들고 (친구들에게) 나눠주기

▶ 하이쿠(俳句): 5 - 7 - 5
* 此の土手に登るべからず 警視廳。(고노도테니 노보루베카라즈 게
  이시쵸우): (경고문) 제방에 올라가지 마시오 경시청
▶ 결국 일본인의 웃음에는 삶 속에서 인간 본성이나 사회에 대한
  반어와 풍자 따위가 느껴짐.

44. 일본 교육철학계의 강점과 약점

이것은 비단 교육철학계에 한정시킬 것이 아니라, 교육학 혹은 학문 일반에도 들어맞는 것이리라 여겨지는 일인데, 그들의 강점은 장인(匠人=쟁이) 정신의 투철함에 있다고 하리라. 옛날 봉건사회에서 배양된 직공(職工), 즉 장인(쟁이)정신이 지금도 학문세계에 그대로 살아있다.

그러기에 교육철학 분야만 하더라도 이를테면, 페스탈로치라든가 듀이, 프뢰벨, 헤르바르트 등등 특정 교육사상가를 한 사람 택하면, 이를 일생을 걸고 철두철미 연구하고 갈고 닦는다. 정말 연찬(研鑽)하는 것이다. 직공 정신, 장인정신이 그대로 유감없이 발휘되고 있다. 이것은 일본인 학자의 장점이요, 강점이라고 하겠다.

그러나 한편으로는 장인은 될 수 있는지 모르겠으나 스스로가 창시자가 된다는 주인정신에서는 지극히 빈약한 것 같다. 여기에 우리는 어떤 학문적 시사를 얻게 되는 것 같다.

우리는 그들의 강점에서 배우면서 다른 한편 창의성 넘치는 학문건설에 힘써야 할 것이다.

45. 유행 가수 야마구치 모모에(山口 百惠)

내가 이곳에 와서 처음으로 들은 이름의 인기 가수. TV로 은퇴 공연 실황 중계를 보고, 그 인기가 높은 까닭을 알게 됨. 14세부터 8년간 활약. 21세의 인기 절정일 때에 은퇴. 남이 아끼는 동안에 은퇴하는 현명함. '시오도키[조시(潮時)]'4)를 안다는 일임.

마이크의 색깔도 의상 색과 같게 하였음. 즉 옷을 갈아입고 나올 때마다 마이크 색도 이에 맞춤. 그리고 최후의 노래와 함께 큰절을 하고, 마이크를 무대 앞에 반듯하게 내려놓고 들어갔는데, 이것으로 오늘은 다시는 마이크를 잡지 않을 것이라는 상징적 표현인 것 같아 연출효과가 크다고 생각하였음.

* 山口百惠(야마구치 모모에) 저, 『蒼い時(푸른 때)』, 나는 이 책을 구매하여 읽어보았다.

46. 서신: 차석기 교수(고려대)

한기언 박사님께

보내 주신 답장 반갑게 받아 보았습니다. 글월 말씀이 그곳 생활에 잘 적응하셨고 평안하시다 하오니 참으로 반갑습니다.

더욱 반가운 말씀은 일본 교육철학회에서 특별강연을 하시어 크게 호평(好評)을 얻었다 하오니 저희에게는 큰 기쁨입니다. 우선 축하의 말씀 드립니다.

말씀하신 학회지(1980년도)를 보내오니 받아주시고 격려해 주시면

---

4) [편집자주] 조시(潮時): 한국어로는 [지리] 밀물과 썰물이 생기는 정해진 시각. 일본어로는 ① 조시, ② 어떤 일을 하기 위한 적당한 시기, ③ 물 때, ④ 호기(好機), ⑤ 조수가 들고 나는 시각. 『다음 사전』

감사하겠습니다.

한 박사님 건강하시고 안녕히 계십시오.

1980. 10. 26.

차석기 배

47. 일본 교육학자의 전공 인물

<표 3> 해외 교육학자별 전문연구자

이름(생몰 연도)	소속	전공 인물
아지사카 쓰기오 (鯵坂二夫: 1909~2005)	고난(甲南) 여자대학장	J. Dewey
이나바 히로 (稲葉宏雄: 1931~)	교토(京都) 대학	J. Dewey
이노구치 준조 (井ノ口淳三: 1947~)	시마네(島根) 여자단기대학	J.A. Comenius
오카다 아쓰미 (岡田渥美: 1933~)	교토(京都) 대학	Cicero
사사키 에이치 (佐々木英一: 1949~)	이와테(岩手) 대학	D. Erasmus
사토 레이코 (佐藤令子: 1931~)	다치바나(橘) 여자대학	Augustinus
다케오 고이치 (竹熊耕一)	데쓰카야마(帝塚山)학원 단기대학	Mathew Arnold
다나베 가즈노리 (田辺和德)	오사카(大阪) 교육대학	J.H. Pestalozzi
다나카 사토미? (田中毎美)	에히메(愛媛) 대학	M. Weber
나카무라 기요시 (中村清)	우쓰노미야(宇都宮) 대학	K. Marx
하야시 노부히로 (林信弘: 1947~)	리쓰메이칸(立命館) 대학	J.J. Rousseau
마쓰이 하루미쓰 (松井春満: 1932~)	나라(奈良) 여자대학	I. Kant
마쓰다 다카시 (松田高志: 1941~)	고베(神戸) 여자학원대학	M. Buber
무라시마 요시히코 (村島義彦)	오카야마(岡山) 이과대학	Platon
야마구치 미쓰루 (山口充)	오사카쿤에이(大阪薫英) 여자단기대학	A. Huxley
야마자키 다카야 (山崎高哉: 1940~)	도야마(富山) 대학	E. Spranger
와다 슈지 (和田修二: 1932~)	교토(京都) 대학	M.J. Langeveld

48. 기초주의의 이론 체계화

▶ 1957년 32세 때, 기초주의 명명(命名)하다.

- 이때 심정은 자기 철학의 탄생 시기가 절대 빠르지 않거니와, 그렇
다고 늦지도 않다고 생각하였다. 너무 이르면 기성 대가들의 눈총
을 받아 싹도 돋아나기 전에 압살(壓殺)될 것을 걱정해야 했을 것
이고, 너무 늦으면 자기 여생이 너무도 짧은 데 당황할 것이니 말
이다. 기초주의의 출현은 그 시의(時宜)를 얻었다고 하리라.

49. 교육의 세기(世紀)

현대 사회에서 교육의 중요성은 불행하게도 '입시지옥'으로 불리는
치열한 수험 준비교육의 측면에서만 교육이라는 것이 의식되고 있지,
그 저변(底邊)에 흐르는 교육의 본질적인 의의에 대해서는 아무도 그리
깊이 생각하고 있는 것 같지가 않다. 이것은 어쩌면 교육에 주역(主役)
을 맡은 수많은 교육자, 교육학자들조차도 이제야 교육이 인류의 기업
(基業: 기초가 되는 사업) 중 최고 위치를 차지하게 된 사실을 모르고 있
는지도 모르겠다.

그동안 너무도 교육의 중요성이 덜 인식되었기에, 이제는 교육이 중
요하다는 것을 교육자 아닌 사람이 말하더라도 자조적(自嘲的)으로 듣
는 묘한 습성이 붙게 된 것 같은데, 교육은 정말 인류의 최대 관심사가
된 것이다. 교육이 인류의 운명을 좌우한다는 것을 이제야 정말 알게
되었기 때문이다.

50. 마림바(marimba) 콘서트

▶ 중남미의 전통적인 민속 악기 '마림바'가 현대 악기로 발전. 현지
에서는 거들떠보지도 않던 것을 외국인이 그 진가(眞價)를 발견함
으로써, '마림바'는 크게 주목을 받게 된 것.
나는 지인의 초청을 받아 콘서트에 참석하여, 마림바 감상과 담
론(談論)의 시간을 가졌다.

(10월 10일)

51. 극성스러운 민족, 일본인

우리말로 '극성(極盛)'이라는 말을 쓸 때는 지나치다, 악착스럽다는
뜻이 있는데, 일본인을 보면 정말 극성스러운 민족이라는 실감이 난다.
한 예로 운동만 해도, 달리기(조깅)가 좋다고 외국에서 유행하면 질세
라 '조깅'이 붐을 이룬다. 점심시간의 짧은 시간을 이용해서 궁성(宮城)
앞 광장을 달리기도 하고, 그 밖에 도로를 따라 달리는 수많은 사람을
볼 수 있다. 연령층도 두껍다. 서양인으로 보이는 외국인 조깅도 눈을
끈다. 일본인은 무언가 좋은 것이라면 곧바로 이에 달라붙고(착수하고)
또 그것을 너도나도 하게 되니 단체를 이루게 되고, 유행의 물결을 이
루게 되어 힘을 이루게 된다. 10월 10일5)은 「건강의 날」이라 하여 공
휴일이다. 전국적으로 운동회, 체력 테스트 등이 행하여졌다.

---

5) 1964년 도쿄 올림픽 개최 기념으로 이날을 「건강의 날」로 제정함. 1980년은 14회째
「건강의 날」

52. 『불교에서의 시간론의 연구』 책 구매

▶ 도쿄대학교 출판부에 들름. 또한 도쿄대학 앞에 있는 산키보(三喜
房: 불교 전문서점)에서 『불교에서의 시간론의 연구(佛教における
時間論の研究)』를 구입함.
시간관(時間觀)에 관심이 있기에…

(10월 11일)

53. 통합과 분석: 현대교육철학의 전망

▶ 서양인의 분석적 사고 체계 vs. 동양인의 통합적 사고 체계
현대의 사상적 갈등은 서양인의 분석적 사고의 불모성(不毛性)과 이
에 따른 자신감 상실. 그런데도 동양인은 여전히 서양문화를 쫓아가
려 한다. 여기에 문제가 있다.
서양학자가 동양사상 연구로 새로운 사상체계를 제시하게 되기 전에
우리 동양인 스스로가 새로운 사상체계를 정립해야 할 것이다.

54. 역사적 자아의 구조

▶ 자아의 인식은 역사적 고찰에서:
- 유교(儒敎), 불교(佛敎), 도교(道敎)
- Dewey의 자아실현
- Brameld의 사회적 자아실현
* 기초주의에서의 '역사적 자아'의 의미: 탐구(探究), 각성(覺醒), 실현(實現)
 구(球)의 구조 ≡ Fröbel의 구관(球觀)

55. 『도쿄일기』: 우리에게 일본이란 무엇인가?

내가 수십 년째 매우 놀라고 있는 것은 서구인에 의한 일본 관련 논저가 대단히 많다는 사실이다. 거기에 비하여 우리는 곱든 밉든 일본과는 다른 나라와 비할 수 없을 정도의 근거리에 있는 인접국이고 역사적으로도 인연이 깊은 나라인데도 불구하고 우리나라에서 일본 관계 서적은 지극히 한정된 상태이다. 그러나 우리는 일본의 존재에 대하여 결코 눈을 감아서는 안 될 것이다. 불행했던 전철(前轍)을 밟지 않기 위해서도 말이다.

우리가 우리를 지키는 가장 확실한 길은 자기를 알고 남을 아는 데 있다. 이른바 『손자 병법』이 그것이다. 그래서 나는 1년간 구체적으로 일본에서, 그것도 특히 수도인 도쿄에서 그들과 함께 호흡하면서 살아 보기로 하였다. 아래는 당시에 작성한 『도쿄일기』의 서문.

- 아래 -

서문

나는 평소에 한국과 일본과의 관계는 마치 영국과 프랑스나, 독일과 프랑스와 같은 관계가 아닌가 하는 생각해 왔다. 이들 두 나라 사이에 있었던 전쟁과 점령지배가 있었던 일, 문화적 주고 받음에 따르는 상호 영향, 그리고 지리적으로 인접하고 있어 좋건 싫건 마주 보고 살아왔고, 앞으로도 살아가야 한다는 점 등 너무도 피차가 흡사하다는 생각이 든다. 내가 이번에 1년간 일본에서 "현대 한국, 일본 교육철학의 비교 연구"를 목석으로 수보 도쿄에서 생활하는 것도 역시 위와 같은 이유가 있었다. 즉 좀 더 체험적으로 움직이는 변용 과정의 일본 실상(實相)을 파악하기 위한 것이기도 하다. 이 책 이름을 유독 『도쿄일기』라고 한 까닭도 바로 여기에 있는 것이다.

말할 나위도 없이 이 책에서는 나의 연구과제에 대하여 보고하는 것이 아닌, 그러니까 어디까지나 단상적(斷想的)인 일본 인상기(印象記)를 서술해 보려는 데 그 목적이 있는 것이다.

단상이니만큼 여러분께서는 어디부터 읽기 시작하여도 무방하다. 다만 나는 일본에 대하여 전혀 선행 지식이 없는 젊은 세대에게 내가 보고 들은 바를 전하고 싶어서 도쿄에서 생활하는 동안 조금씩 메모해 두었던 것을 문서화한 것임을 알아주었으면 한다. 또한 기성세대에 대해서도 한 중년층의 눈으로 본 현대의 일본이 어떤 것인지 더불어 담론(談論)하고 싶은 심정에서 붓을 든 것이다.

나의 전공이 교육학이요, 교육철학이라는 점에서 자연 모든 논의는 이쪽으로 수렴되고 있음을 나는 절대 숨기지 않으려 한다. 도리어 이 점이야말로 바로 이 책의 특색을 이루는 것이라고 나는 소리 높여 부르짖고 싶다.

(1980. 10. 12.)

56. 초토(焦土)로부터 번영(繁榮)의 나라로: 교육의 성과가 경제 대국 일본의 자본이었다

▶ 1945년 8월 23일경으로 기억하는데, 종전(終戰)되면서 나는 일본 해군 예비학생으로서 귀국길에 오를 수 있었다. 도쿄역에서 기차로 시모노세키(下關)로 가게 되었다. 이에 앞서 내가 도쿄에서 기차 시간을 기다릴 겸 목격한 것은 무엇이었던가?

도쿄역은 물론 그 부근 일대가 폐허가 되어있었다. 완전 초토화된 일본의 수도 도쿄였다. 그런데 35년이 지난 지금의 일본, 지금의 도쿄는 어떠한가?

세계 경제 대국 제2위를 자타가 인정하게 되었다. 그 비결은 어디에 있는가? 나는 교육의 덕택일 것으로 보고 있다. 모든 것은 타버리고 파괴되었으나, 살아남은 사람, 그 사람들이 지닌 능력, '교육의 결과'는 다시 없는 자본이 되어 경제 대국을 이룩하게 된 것으

로 본다. 오늘날 일본의 번영을 설명하는데 단순히 교육의 덕택
이라고 해도 좀처럼 실감이 나지 않을뿐더러 더욱 다른 현상적
(現象的)인 원인을 찾아보려는 분이 있을 것으로 여겨진다.

이를테면 그들이 기아선상에 헤매고 있을 무렵인 1950년에 한국전
쟁이 일어남으로써 특수경기가 살아나게 될 수 있었다고. 그 밖에
도 여러 기회를 잘 살려서 결국 오늘의 번영을 가져온 것이라고.
이러한 사실들은 조금도 틀림이 없는 일이요, 그들이 한국전쟁의 혜
택을 크게 입은 것만은 몇 번을 강조하여도 충분치 않을 정도이다.
그러나 그러니만큼 우리가 간과해서 안 될 것은 기회라고 모두 기회
는 아니다. 기회를 기회로 볼 줄 알고, 기회를 놓치지 않는 데는 기
회를 식별할 줄 아는 안목과 그 기회를 기회로 유효하게 살릴 수 있
는 능력이 요청된다. 교육은 바로 이 '안목'과 '능력'을 부여해왔다.
그러니 일본 번영의 비결이 '교육의 덕택'이라고 잘라 말할 수 있다.

57. 기초주의 구조도의 색조적(色調的) 표시

무지개의 일곱 가지 색(7色)
중앙: 보라색[자색(紫色)]
- 광선 관계로는 백색, 태양광(太陽光)과 같이.

<표 4> 기초주의 구조도의 색조

3 이념	6 개념	삼재(三才)
Ⅰ. 청색(靑色)	1. 남(藍)	천(天)
	2. 청(靑)	
Ⅱ. 백색(白色)	3. 녹(綠)	인(人)
	4. 황(黃)	
Ⅲ. 적색(赤色)	5. 등(橙)	지(地)
	6. 적(赤)	

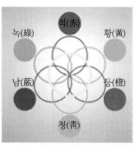

[그림 16] 구조도의 7가지 색조

58. 일본 교육사학회(敎育史學會) 대회 참가기

일본 교육사학회에 참가하여 느낀 소감은 다음과 같다.

첫째, 학자의 연령 분포층이 두껍다. 20대부터 70~80대의 학자까지 있어 학문연구에서 좋은 자극제가 된다고 봄. 심포지엄에서 한 발언을 보니 40대 이상의 사람들이 활발하고, 30대 발언은 한명도 없었음.

둘째, 9시 정각부터 세 분과로 나누어, 연구발표 시작함. 각각 20분 발표, 늦어도 25분까지 발표 종료하고 질의 시작, 30분 질의응답 종료. 사회자가 엄격하게 시간을 지키게 함. 조교(학생) 두 명이 시간을 종으로 알리는 일을 도움.

셋째, 요약문(Resume)을 대회 준비 학교에 필요한 부수만큼 미리 제출하고, 대회 접수하는 곳에서는 봉투에 넣어서 회원에게 배부함. 발표 순서에 따라 프로그램에도 그렇고 요약문에도 일련 고유번호를 사용하게 하였는데, 이것은 아주 좋다고 봄. 모두 39편의 발표가 있었는데, 이것도 일련번호이니 금방 알 수 있었음.

넷째, 총회. 여기서 비로소 회장이 회원들에게 인사를 하게 됨. 다음 대회 개최 학교 인준도 총회에서 회원들에게 받음. 의장 선출(2명), 요령은 준비위원회 측 대학 관계자 1명과 다음 대회 개최교 관계자 1명이 선출되어, 둘이서 교체해 가면서 의장 일을 봄.

다섯째, 간친회(懇親會)로 참가비 3000엔을 받음. 물론 내막적으로는 준비 학교에서 상당한 부담이 있겠으나, 회원이 반드시 참가비를 지불한다는 것이 눈에 띄었음. 그리고 사소한 일이겠으나, 컵과 접시와 젓가락 수효가 꼭 참석자 인원만큼만 준비하여 잘못하면 (젓가락을 떨어뜨린다거나, 다른 사람이 하나 더 사용하게 되면) 여분이 없어 너무 하다는 생각이 들 정도였음. 한국같이 어수룩한 면이 없어 충격적임.

여섯째, 비단 교육사학회만이 아니라고 보거니와, 일본 학자들의 연구발표 내용을 들어 보면, 특정 과제에 집중·몰입하는 것이 인상적임. 아베 히로시(阿部洋) 교수의 "重箱の底をつっつくような感じ。(찬합의

밑바닥을 뒤져대는 느낌)"이라는 말에 동감함. 그래서 때로는 지나치게 미세한 데까지 파고드는 것 같음. 노력에 비해서는 문제의식이 강렬하지 못한 것 같음. 더욱이 학문적 전체 구상이 잡혀있지 않은 것 같아, 연구를 위한 연구로 끝나는 것 같음. 정말 절실한 문제의식, 그런 절박성, 학문적 신념은 보이지 않음. 그뿐만 아니라, 자기가 택한 연구과제라고 하여도 한 측면에서만 고찰하는 정도이지 적어도 연구대회에 나오는 정도의 연구결과라면 예상되는 여러 측면에 대해서도 일차 생각했음직한데 이 점이 질의 때 보면 대단히 약한 것 같음. 50대 발표자가 개인 발표에는 한두 명 정도로 매우 적었음. 이 점은 우리도 엄계(嚴戒)해야 할 점인 줄로 안다.

* 추가로 일본과 동양, 서양 전공자가 오직 자기 전공 영역만 들여다보고 관련 영역과의 연결성이나 자기 나라에 대한 강렬한 과제의식은 매우 빈약한 것이 아닌가 하는 인상을 받았다.

59. 한·중·일 인간 형성 사상의 기하학적 상징

▶ 한국: 원(圓) - 분묘는 반구형(半球形)이고, 『25시』의 작가 게오르규(C.V. Gheorghiu: 1916~1992)가 한국 방문했을 때 담화에서 한글이 둥글둥글하다는 인상을 말함.
▶ 중국: 방(方) - 오방(五方)의 오(五): 동·서·남·북·중앙
▶ 일본: 각(角) - 삼각형의 예각적(銳角的), 직재적(直裁的) '가쿠바루(角ばる: 각이 져서 둥그스름함이 없음)'. 사무라이의 '가미시모(裃: 에도 시대 무사의 예복, 격식을 차림)' 처럼.

60. K.O.만이 세계 제1인자가 될 수 있다는 교훈(敎訓)

어찌 권투선수만이겠는가? 정말 K.O.를 시킬 수 있을 때만 비로소
세상으로부터 인정을 받게 되는 것이다.

인생에 있어 상승기에는 (그의 미래 가능성을 생각하여) 가점(加點)
이 있으나, 하강기에는 (현재 실력보다도) 도리어 감점(減點)이 작용한
다는 것을 알 것.

61. 인생에는 두 가지 길이…

▶ 인생(人生)에는 두 가지 길이 있는 것 같다.

하나는 남을 가르치면서 배우는 길이 있고, 또 하나는, 남에게 가르
침을 받음으로써 배우는 길 말이다. 나는 비교적 어려서부터 남을 가르
침으로써 배운 것 같은데, 감사한 것은 이 길이 더욱 유익했던 것만 같
다. 감사하는 마음으로부터….

(1980. 10. 19.)

62. 『현대교육문제사』

아마노 마사하루(天野正治) 편집으로 간행된 『현대교육문제사: 서양
에서의 시도와 대화하며(現代敎育問題史: 西洋の試みとの対話を求めて)』
(明玄書房, 1979, 505쪽)의 장별 내용과 집필자는 다음과 같다.

제 I 부

제1장 생활 준비와 교육: 마쓰시마 히토시(松島鈞) - 쓰쿠바대학(筑波大學)
제2장 교양: 오카다 아쓰미(岡田渥美) - 교토대학(京都大學)

제3장 기능 형성과 교육: 미카사 오토히코(三笠乙彦) - 도쿄가쿠게이대학(東京學芸大學)

제4장 자유로운 학교: 아마노 마사하루(天野正治) - 국립교육연구소(國立敎育硏究所)

제II부

제5장 아동 이해와 교육: 이치무라 쇼큐(市村尚久) - 와세다대학(早稻田大學)

제6장 친자관계와 '시쓰케'의 변모: 미야자와 야스토(宮澤康人) - 도쿄대학(東京大學)

제7장 지육(知育): 무라야마 사다오(村山貞雄) - 니혼여자대학(日本女子大學)

제8장 체벌: 와다 슈지(和田修二) - 교토대학(京都大學)

제III부

제9장 학교의 기능: 시모무라 데쓰오(下村哲夫) - 쓰쿠바대학(筑波大學)

제10장 직업 지도: 센자키 다케시(仙崎武) - 분쿄대학(文教大學)

제11장 노동과 교육: 가와노베 사토시(川野辺敏) - 국립교육연구소(國立敎育硏究所)

제12장 평생교육: 야마모토 쓰네오(山本恒夫) - 쓰쿠바대학(筑波大學)

제IV부

제13장 학교에서의 도덕교육: 이시도 쓰네요(石堂常世) - 와세다대학(早稻田大學)

제14장 학교에서의 종교교육: 이와마 가쓰(岩間活) - 시바우라공업대학(芝浦工業大學)

제15장 학교에서의 애국심 교육: 모리타 히사토(森田尚人) - 가나가와대학(神奈川大學)

제16장 학교에서의 미술교육: 에바라 지로(榎原二郞) - 에히메대학(愛媛大學)

제V부

제17장 교과와 교과 개념의 전개: 스가와라 도루(菅原徹) - 메이지대학(明治大學)

63. 산다는 것과 죽는다는 것

▶ 나는 두 가지 길을 통해서 살 가능성을 가지고 있는 것 같다.
하나는 자손을 갖게 된 것. 천만 다행히 다섯 남매의 아버지가 되었
다는 것을 감사하고 기뻐한다. 외손녀도 태어났고 앞으로는 계속 친손
자도 태어날 것이니 나의 생명은 싱싱하게 살아감을 실감하게 된다.
또 하나는 저서를 통하여 나의 사상이 전달되는 일이다. 기초주의가
여러 동료, 후학(後學)에 의하여 바르게 이해되고 그것으로 참된 교
육실천의 교육철학적 좌표가 되며 활력소가 된다면 이것이 영생(永
生)의 길이 아니겠는가? 훗날 나이가 들면 결코 노추(老醜)를 보이지
않도록 스스로 경계해야 하리라

(1980. 10. 21.)

64. 멋

▶ 일용 상사(常事), 범사를 최고수준에서 수행하는 것이 참된 '멋'의 경지(境地)이리라.

1) 맛과 멋: 맛은 미각(味覺)에만 한정할 것이 아님. 예를 들어 간이 맞는다는 것은 맛의 '조화(調和)'라는 점에서 '멋'에 해당할 것이다. 또한 "네 귀가 맞아떨어진다"라는 식으로 조화미(調和美)의 추구 사례로는 창호 문양을 들 수 있다. 맛과 멋은 우리말의 관용으로서 모음 'ㅏ'가 'ㅓ'로 바뀌는 사례의 하나일 것이다.

2) 멋: 실력이 뒷받침해 주는 자태미(姿態美)는 정신적 여유를 연상케 한다. 그 까닭은 최고 경지의 구현자(具顯者)이기에 보일 수 있는 특권적인 것이기 때문이다. 한때 권투 챔피언 무하마드 알리(Muhammad Ali: 1942~2016)가 "나비같이 날아서 벌처럼 쏜다."라고 하고, 실제로 그 묘기(妙技)를 시합에서 보여준 것 역시, 그의 탁절(卓絶)한 실력이 뒷받침되었기에 가능했다. 최근의 세 번째 선수권 도전시합에서의 참패. 도저히 왕년의 그의 '멋'있는 모습을 찾아볼 수 없었다.

3) 멋은 창조의 세계: 한민족의 이상(理想)이요, 정신적 결정체.

65. 공전(空前)의 연구 생활 환경

일본 교육철학회에서 강연한 「기초주의의 구조」는 개인적으로나 국내외적으로나 자못 큰 의미가 있음.

▶ 현대교육철학에 두루 접촉함으로써 '기초주의'의 심화에 힘쓴다.

첫째, 1980년 7월 1일부터 1981년 6월 30일까지: 주어진 1년간을 회한(悔恨) 없는 1년간의 생활이 되게 한다. 이번 기회에는 별로 여행을 하지 않을 생각임. 그것은 이미 여러 차례 여행하였고, 더욱이 1976

년 8월에서 9월까지 한 달간 광범하게 답사 여행을 한 적이 있으니 이번에는 도쿄 생활에만 치중키로 한다.

둘째, 그러기 위해서는 우선 도쿄의 기후적 조건(기후의 변천 과정)을 염두에 두면서 (사실은 1년간의 변천의 리듬이 어떤 것인지 경험이 없어 감이 잡히지 않는 것이 문제이다) 나의 심신의 균형을 견지(堅持)해 가도록 한다.

셋째, 심신 양면의 건강을 제1조건으로 삼으면서 나의 연구 생활을 한다. 그런 의미에서 국립교육연구소 역시 나의 연구에 필요한 때 적절히 활용토록 한다. 그러나 반대로 나의 연구 생활이 부당하게 지배당하는 일이 생겨서는 안 된다. 항목별로는;

1) 주택선정: 양호 - 연구실의 구실(역할)을 잘 해내고 있음. 아키나가 오사무(秋永修) 회장의 수고에 감사하고 있음. 도쿄 베이사이드(東京ベイサイド)라는 명칭도 좋고, 신축건물이라는 점도 역시 좋다. 방 번호 807호도 마음에 든다. 컬럼비아대학 시절에는 307호였음.

2) 서적 구입 체계(서점 거래): 양호

3) 생필품 구입 체계: 양호

4) 식생활 요령: 양호 - 영양의 균형적 섭취에 유념했음. 몸에서 요구되는 영양분을 섭취한다는 의미에서 "먹고 싶은 것을 잘 먹는다."라는 기본 원칙 유지.

5) 교육사 교육철학 관계 학자들과의 학문적 접촉: 양호

6) 학문적 활동(강연, 연구발표 등): 양호

7) 심신의 건강관리: 양호

8) 신문 구독, TV 청취: 양호

9) 전화 가설: 양호 - 외부와의 수시 연락이 가능한 까닭에.
전화번호: 452-4877, 여기에도 7이 두 개나 있어 좋았음.

(1980. 10. 22.)

66. 비교교육사상(比較敎育思想)

1. 외래와 고유(固有)   2. 변화와 항존(恒存)
3. 실존과 규범   4. 생활과 문화
5. 개인과 사회   6. 지성과 인격
7. 실용과 교양   8. 자유와 권위(權威)
9. 능력과 연공(年功)   10. 물질과 정신
11. 분석과 종합   12. 경쟁과 협동
13. 지도와 각성(覺醒)   14. 계통(系統)과 인화(人和)
15. 평등과 수월(秀越)   16. 집중과 방사(放射)
17. 측정과 직관(直觀)   18. 발전과 통정(統整)
19. 전통과 개혁

(교육철학적 논의상의 비교 + 동서 교육사상의 비교)

67. 10월 26일

어제 이용걸(李溶傑) 교수와 폭음한 탓인지 아침에 일어나 보니 양쪽 어깨가 몹시 굳어져 아팠다. 고개도 잘 돌지 않고⋯. 여기 온 지 4개월 가까이 되고 보니, 술 탓도 있겠으나 약간 몸살 기운. 거기에다 어제 전화로 안 일이지만 그동안 교통사고로 머리를 다쳐 아내가 입원했었다는 것. 퇴원하여 무사한 목소리를 들었건만 마음이 무거웠음.
위성중계로 우리 여자선수가 승리하는 것을 보고 마음이 후련해짐.
* 한국, 아시아 주니어 배구 남녀 팀 모두 우승, 장한 일임.

68. 현대교육의 도전(挑戰)

▶ 현대교육개혁의 초점을 어디에 두어야 할 것인가?
'기초의 허약성'에 있음. 기초(基礎)란 무엇인가?
현대교육은 어떤 점에서 이 '기초'를 망각(忘却)하고 있는가?
획일적 교육의 무의미성. 개성 통합적 교육과정이어야 할 것이다.

69. 24시간의 연구 생활

▶ 나의 연구목표는 외국 교육학설의 번역 소개에 있는 것이 아니라, 이곳에서의 연구 생활이 하나의 학문적 자극이 되어 마침내 나의 학설인 기초주의가 외국어로 번역되어 널리 알려질 만한 이론체계를 대성(大成)시키는 일 자체에 있다.

모처럼 나에게 1년간의 체일(滯日) 연구 생활이 주어졌다. 이것은 백지와 같은 것으로서, 그 위에 어떤 한 폭의 그림을 그리느냐는 것은 전적으로 나에게 달려있다고 생각하였다. 나는 연구환경의 조성에 신경을 썼다. 국립교육연구소의 나의 연구실은 그런 의미에서 제2의 연구실인 셈이다.

제1의 연구실은 어디인가? 나의 거주지이다. 나는 다른 이곳 생활자와는 다르다. 체재 기간이 우선 1년밖에 안 된다. 나는 가족과 완전히 격리된 24시간 연구 생활을 하고 있다. 나는 정말 24시간 연구 생활을 해오고 있다. 이곳을 떠나는 날까지 계속하리라.

70. 일본 여성

▶ "남자가 생겨 네 아이 내버려 둔 무책임한 엄마에게 징역 1년 6개월 선고."

「요미우리 신문(読売新聞)」 (1980. 10. 27.)

'자기중심적, 동기불순' - 일본 여성은 통상 이상적인 여성상(女性像)으로 일컬어져 왔건만 요즈음 일본 여성 가운데는 어머니로서 자신감을 잃은 사람들이 속출하는 것 같아 의외임. 전후에 태어난 30대 초반의 인물들로, 일본 여성 중에는 흡연자가 많아 보임. 반면 예컨대 여점원이나 여차장 같은 경우 어린이가 질문하거나 묻는 경우 특별히 친절한 것이 인상적임.

19세기 중엽 프랑스 여성이 영국을 방문하였더니, 영국 어머니가 자녀교육에 현모성(賢母性)을 보여 크게 탄복하였다는 것. 이때가 영국의 전성기와 일치하는 것을 우리는 주목할 필요가 있음.

71. 듀이와 볼노우

▶ 일본 교육철학계의 2대 조류

현대 일본 교육철학에 관하여 연구하러 왔다는 나의 말에 대하여 이곳 교육철학자들은 나의 얼굴을 다시 들여다본다. "일본에 무슨 교육철학이 있나요?"라는 것이 그들의 한결같은 대답이다. "그 대신…" 하고, 말머리를 돌려 외국 교육철학을 얘기하려한다. 그것은 일본 교육철학자들이 의거하고 있는 학문적 양대 산맥이다. 즉 듀이(J. Dewey, 1859~1952)와 볼노우(O.F. Bollnow, 1903~1991) 교육철학이라고 나는 보았다.

72. 교육철학의 구축(構築)

평생을 독서에 바쳐도 우리가 읽을 수 있는 문헌, 책들은 여전히 한 정된 일부에 지나지 않는다. 우리는 이 엄연한 사실 앞에 서게 된다. 그러기에 책을 읽은 후에 사색(思索)하는 것이 아니라, 사색하는 가운 데 책을 읽게 되는 것이다. 절실한 물음 가운데서 그 책을 대하고 읽게 되고, 그로부터 크게 계발되고 또한 새로운 생각을 굳혀갈 수 있다.

73. 「일본학 입문」

이 책의 부제(副題)를 「도쿄일기」 내지 「도쿄 수상기(隨想記)」 정도로 할까 하다가 모두 사족(蛇足)일 것 같아 그만두었다. 그럼에도 내가 이 책을 낼 생각을 하게 된 동기는 다음과 같다.

첫째는 가장 직접적인 동기로, 우리나라의 젊은 세대가 이웃 나라 일본에 대하여 충분한 이해가 필요하다는 생각이었다. 굳이 손자병법 을 인용하지 않더라도 적어도 남을 올바르게 알려는 노력은 바로 자기 자신을 잘 알게 되는 길이기도 하다. 우리가 인정하고 싶든 아니든 지 금 일본은 마치 20세기 초엽의 미국을 방불케 한다. 이 말은 GNP 세 계 2위의 나라라는 공인으로서도 입증되는 것이다. 일본 자체는 어느 때보다도 국제화 무드에 들떠있다. 그만큼 세계 도처에 진출하고 있고, 또한 외국인들도 일본에 많이 와 있다. 우리는 현재의 일본에 대하여 바로 알아야 한다. 그런 의미에서 나는 젊은 세대를 위하여 한 권의 조 그만 책을 쓰기로 마음먹은 것이다.

둘째는 비교적 우리나라 사람이 일본에 대해서만은 잘 알고 있다는 어떤 자부심 비슷한 것이 지금도 있는 줄로 안다. 그러나 여태까지 우 리나라에서, 그리고 더욱이 일본에서 번역, 간행된 우리나라에서 나온 일본 관계 서적을 찾아보면 거의 전무(全無)한 상태이다. 이래서는 우리가 세계 어느 민족보다도 학술적으로 일본을 잘 알고 있다는 말이 명실상부한 것이 될 수는 없지 않은가 싶다. 따라서 나부터라도 우선 일본 관계의 책을 하나 내기로 마음먹은 것이다. 사실 외국학자는 일본어 하나 모르고도 용케 그 많은 책을 2~3개월간 체류하고도 써내고 있다. 그들은 또 이것을 즉각 번역해 내고 있다.

원래 나는 남의 약점을 찾아내는 데 약한 편이다. 남의 장점에 대해서는 관심도 많고 배워서 내 힘을 키우는 데도 좋으니 어느덧 남을 헐뜯는 일은 성미에도 맞지 않게 되어 버렸다. 따라서 이 책 역시 주된 내용은 일본의 좋은 점이 무엇이냐를 서술한 것이 되리라고 본다. 그런데 약간은 일본의 허점, 시정해야 할 점이 무엇인가도 언급해 볼까 한다. 이것은 이중효과를 지닐 것으로 예상한다. 하나는 우리나라 독자 역시 그래도 일본 역시 약점이 있을 것이 아니겠는가 하고 은근히 궁금해지는 것을 풀어주기 위해서이고, 또 하나는 만약에 독자가 일본인이라면 필시 자기네를 좋지 않게 평한 점에 대해서만은 어떤 의미에서건 읽어보려고 할 것이기 때문이다. 그래서 아주 조금이지만 그들의 허점을 지적해 보기로 하였다.

74. 강연: 11월 7일(금)

▶ 문화강연회: "멋과 이키와 인 - 한·일·중 삼국의 인간 형성 사상(モッと粹と仁 - 韓·日·中 三國の人間形成の思想 -)" 주일 대한민국대사관 한국문화원에서

- 단순히 강연한다는 기쁨만이 아니라, 우리가 문화민족으로서, 독립국이기에 남의 나라 수도에서, 당당히 우리 문화, 우리 사상을 외국인에게 강연하는 그 기쁨이 더욱 크다고 하리라. 나는 20세 되는 해까지 일제 치하에서 산 세대이기에 당시의 우리 민족의 불운과 불행을 너무도 생생하게 지금껏 기억하고 있다. 그러기에 여기서

'기쁘다'라고 하는 말의 뜻은 매우 복합적 의미를 지닌 것임을 새삼 강조케 되는 것이다.

75. 문화는 축적(蓄積)해 가는 것

▶ 예전에 구미제품에 비하여 품질이 그다지 좋지 않았던 일본제품이 그 후 세월이 흐르고, 노력과 연구를 기울인 결과, 자동차이건 시계이건 사진기이건 그 모두가 세계적 수준이 되어 가고 있다는 것이 무척 인상적이었다. 예: 닛산, 세이코, 파일롯트 만년필

▶ 학문세계에서도 니시다(西田) 철학, '니시다' 문하생들이 지금에 이르기까지 면면히 이어져 감을 실감케 한다. 물론 아직도 구미 철학 일변도가 대세이지만…. 정말 후진들이 가슴을 펴고 자랑할 수 있는 그러한 학문적 업적을 남긴 선배가 되어야 하겠다.

76. 일본 교육심리학회 참가

▶ 곳: 국립교육회관
▶ 때: 1980년 10월 29〜31일
1) 규모가 매우 크다는 인상을 받았음: 발표논문 300편 이상.
2) 기획 특별연구 보고: 「언어의 발달과 교육」
3) 심포지엄: 「교육심리학에서의 윤리의 문제를 어떻게 생각하는가?」
　　　　　　「교육심리학의 새로운 존재 방식 추구」

77. 김재만(金在滿) 교수의 답장

한 교수님 전(前)

주신 글월(10월 18일 자) 잘 받았습니다. 소생이 불민(不敏)하여 송구한 마음 비길 데 없습니다. 먼 데까지 가서 후배 잊지 않으시니 정말 감사합니다.

기초주의 강연은 틀림없이 일본 교육철학회 회원들에게 좋은 반성의 자료가 되리라 믿어 의심치 않습니다. 그리고 앞으로 더욱 정치(精緻)한 것으로 다듬겠다고 하시는 결의는 정말 후배로서 큰 용기와 위안을 갖게 하는 것입니다. 하기야 선생님 혼자서 기초주의는 완성되는 것이 아니라고 믿고 있는 소생이기에 선생님 혼자 완성해 버리기를 원하지도 않는 것입니다. 완성은 끝장이고 '기초주의'를 거기로 몰고 가자는 것이 아니라고 믿기 때문입니다.

요즘에 와서 생각합니다만 선생님의 기초주의는 훨씬 더 넓은 문(門)을 가져야겠다고 생각합니다. 말하자면 저는 근래 오천석 박사님의 '한국교육이념'과 한 교수님의 '기초'를 동일수준의 개념으로 파악하려고 하는 것입니다. 앞의 문이란 그런 의미의 문을 말하는 것입니다.

어쩌면 묘한 생각이 나곤 합니다. 여하간 이젠 '기초주의'는 '주의(主義)'로서보다는 '교육'으로서, '방법'으로서 '정형화(定型化)'에의 실험이 더욱 요망되는 바라고 생각합니다. 소위 "기초의 실험학습"이 시도돼 봐야겠다는 것입니다. 오늘날 Science of Education으로서 입지(立地)의 근거는 실험 없이는 불가능하다고 보기 때문입니다.

이곳 한국교육학회는 지난 10월 24~25일 인하대학교에서 연차대회가 있었습니다. 김종철 교수가 학술상을 받았습니다. (소생과 경합한 모양입니다). 이영덕 교수가 학회장이 되었고요. 전 회장단에 한 교수님 이야기를 해봤더니, 몇 사람은 한 교수님을 추천했는데 몇 사람은 해외 있는 사람은 될 수 없다는 의견이 나와 결국 다른 사람이 다시 추천되었다는 후문입니다. 아무리 봐도 한국교육학회의 논문 발표는 불만이 많습니다. 너무 안일하고 무책임하고, 비논리적이고, 비과학적이고 해서 말입니다.

오우라(大浦) 회장에게는 별도로 서신 내어 연락하도록 하겠습니다. 몸조심하시고…. 감사합니다.

78. 기초주의의 실험연구

1) 교사 체험과의 비교: "「기초」 개념의 교육철학적 신석(新釋)"과 "기초주의의 구조" 논문을 읽고, 기초에 관한 논평을 하도록 함. 특정 분야에 관한 '기초'를 논술케 함.
2) 성공사례: '기초'를 중시했기에 성공하였다는 실제 사례 수기(手記) 또는 기록을 읽게 함. 예를 들어 기능올림픽 금메달리스트의 성공담에서 그들이 추구한 '기초'는 무엇이었나?
3) 교과별 '기초'의 탐구
4) 기초주의 교육과정 연구
5) 학습지도의 실험 (기초주의)

79. 건강의 비법

1) (음)식물
2) 물
3) 공기
4) 기(氣) : 수면 상태에서는 힘을 빼고 잠을 잘 것. 이때 하늘의 기운[천지기(天之氣)]이 사람의 기운[인지기(人之氣)]과 상통하며 몸에 채워진다.

80. 기초주의가 바라는 것

▶ 모든 사람의 인생을 예술적 경지에까지 승화(昇華)시키는 인간 형성의 기본원리.

위인(偉人)의 인생 항로를 분석해 보는 작업은 매우 의의 있는 일로 본다.

근래에 와서는 '대중의 힘'에 지나치게 착목(着目)하여 강조하는 바람에, 비록 소수이지만 천재나 위인들을 도외시하고 의식적으로 무시·외면하려는 경향이 농후하다.

그러나 천재나 위인도 태어났을 때는 범인(凡人)에 불과하였고, 때로는 보통 사람 이하인 경우도 많았다. 몸이 지나치게 허약했다거나 하는 식으로….

그러나 본인이 삶의 본질, '기초'를 올바르게 터득하여 마침내 대성(大成)하게 되어, 천재나 위인, 불세출(不世出)의 인물 등의 칭송을 받게까지 된 것이다. 그러니 우리는 기초주의를 통하여 이러한 위인의 수효를 늘려, 모두가 자기 개성을 최고로 발휘할 수 있게 함이 옳은 일이 아니겠는가.

* 성공한 훌륭한 인물들의 공통점:
1) 삶의 신조를 지니고 있음. 즉 터득한 진리가 있음. - **정신적 건강**
2) 이마에서 광채(光彩)가 남. - **영적 건강**
3) 자세(姿勢)가 바름. 따라서 건강체임. - **육체적 건강**

81. 멋과 이끼[수(粹)]와 인(仁)

▶ 11월 7일 오후 6시.

예정대로 「한국문화원」 홀에서 "멋과 이끼(粹)와 인(仁) - 한·일·중

3국의 인간 형성의 사상"이라는 연제(演題)로 두 시간 정도 강연. 질의까지 합치면 모두 2시간 40분간 청중 앞에 서서 평소 내가 연구한 내용의 일단(一端)을 피력할 기회가 있었다.

나는 그간 이 강연을 위하여 눈에 보이지 않게 그러나 정성껏 준비해 두었다. 그러기에 이날 강연은 나 자신 납득갈 만큼 만족스러운 강연을 할 수 있었다. 적어도 어느 강연이건 일단 청중 앞에서 하는 강연일진대는 나의 가장 충실한 면을 보여주고 싶다는 것인데, 이번 역시 그런 의미에서 정말 정성껏 얘기하며 강연에 임(臨)했고, 그러기에 후련한 뒷맛을 되씹고 있다.

(1980년 11월 8일 밤)

82. 한국교육철학의 구조(構造)

▶ 도쿄대학: 비교문학・비교문화(比較文學比較文化) 일본어로 강연
　1980. 11. 27.(목)

Ⅰ. 한국교육철학의 구조(韓國敎育哲學の構造)
　구조(構造), 교육철학(敎育哲學), 연구방법(硏究方法), 한국교육철학의 의미(韓國敎育哲學の意味), 탐구의 필요성(探究の必要性)
Ⅱ. 한국인의 생활철학(韓國人の生活哲學)
　1) 한국인의 사상적 전통(韓國人の思想的傳統)
　2) 한국인 형성의 핵 사상(韓國人形成の核思想)
　3) '멋'의 교육철학적 신석(「モッ」の敎育哲學的新釋)
Ⅲ. 한국인의 이상상(韓國人の理想像)
　1) 교육적 인간상의 준거(敎育的人間像の準據)
　2) 한국인의 이상상(韓國人の理想像)
　3) '선비'의 교육철학적 신석(「ソンビ」の敎育哲學的新釋)

Ⅳ. 한국인의 교육방법(韓國人の敎育方法)

   1) 교육방법의 원리(敎育方法の原理)

   2) 한국인의 교육방법(韓國人の敎育方法)

   3) '참'의 교육철학적 신석(「チャム」の敎育哲學的新釋)

Ⅴ. 한국교육철학의 전망(韓國敎育哲學の展望)과 한국교육철학의 특성(韓國敎育哲學の特性): 비교교육철학적 접근(比較敎育哲學的接近)

   한국교육철학의 정립(韓國敎育哲學の定立): 기초주의의 구조(基礎主義の構造)

<참고문헌(參考文獻)>

(강연 목차를 확정했을 당시의 메모에서)

83. 11월 10일

▶ 나의 인생항로(人生航路)

여태까지 비교적 실패작이라는 것이 그다지 기억에 없다. 지금 생각해 보니 이것은 정말 감사할 일이다. 그런데 엊그제 미역으로 국이라 할지 찌개를 만들어 보았다. 생미역인데 이것이 얼마나 짠지 미처 몰랐던 것이 실패의 원인임을 알게 되었다. 더욱이 나는 간을 친다고 간장을 듬뿍 부었다. 더운 날씨에 염분을 체내에 적절히 섭취하게 하리라는 속셈이기도 했다. 두부와 양배추도 썰어 넣었다. 그런데 실제 먹어보니 국물부터 어찌나 짠지 도저히 먹을 수 없음을 알고 새삼 놀랐다.

정말 모르는 세계에서는 성공보다 실패가 앞서는가 보다. 새삼 그간 큰 고민이나 실패를 맛보지 않고 여태까지 살아온 것을 감사해야 할 것 같다.

84. 은퇴 선언

▶ 은퇴선언이란 자기 한계(限界)를 인정하는 선언이라 하겠음.
"장수하는 것도 재간의 하나(長生きするのも芸の中)"
자기 자신이 절망하지 않는 한 희망은 아직도 있는 법. 아무리 주위
의 냉대가 있건, 아무도 관심을 표시하지 않더라도, 스스로가 이제는
안 되겠다고 생각하지 않는 한, 가능성은 남아 있다.

"여기에 샘물이 있노라(此處に泉あり)"라는 제목의 「인생의 샘(人生の
泉)」 라디오 프로 내용과 관련하여 동감(同感)을 표시한다.

(1980년 11월 11일)

85. 11월 11일

▶ 제1차 세계대전 종전 기념일.
나는 이곳에 온 후 되도록 같은 일의 반복이나, 심지어 잘 알게 된
곳, 한번 가 본 적이 있는 곳은 피하기로 하였다. 그것은 주어진 체
류 기간 중 되도록 새로운 변화를 통해 견문(見聞)을 넓히고 싶어서
였기 때문이다. 오늘은 학회지『교육철학연구』를 구입하려고 전차를
이용, 이치가야역(市ヶ谷驛)에서 내려 학회 사무실을 찾아갔다. 4년
전인 1976년 여름에는 택시로 갔었는데, 전철을 이용한 것이 다른
점이라고나 할까. 새로운 경험을 한 셈임. 그런데 편집장인 하라노
(原野)의 호의로『교육철학연구』(34~39호)를 기증받음. 전에 40~41
호는 오우라(大浦) 회장이 보내주어 가지고 있음. '반기대(反期待)의
법칙'의 일례이기도 함.

86. 본질적 · 전체적 · 통합적 · 도식적 인식의 전통

▶ 한국인(동양인)의 경우, 체질화한 인식의 유형적 특성이 있음. 우
리는 이것을 살려 가면서, 분석적 · 측정적 방법을 가미함으로써,
현상을 바르게 볼 줄 알아야 할 것이다.

* 초등학교 수학 - 통합적 접근, 암산(暗算)을 잘 하는 체질
* (한)국어 - 반절표(反切表)부터 가르친다는 것이 현명함.

87. 일과(日課)

▶ 3 + 2 + 3 + 4 = 총 12시간 연구

6:00 라디오뉴스 청취

6:15 인생독본

6:30 영어회화

7:00 독일어 회화

7:20 기상, 체조

8:00 식사 후 변통(便通)

음악 감상(FM, NHK)과 신문(조간)

9:00 연구과업: 독서, 집필

12:30 점심

13:30 연구과업

15:00 낮잠 (또는 산책)

16:00 연구과업

19:00 저녁 식사, 신문(석간)

20:00 연구과업 (주요프로 TV 시청: 엄선 - 조간 때 결정)

24:00(~1:00) 취침

88. 기초주의의 의미: 나의 관심은?

나의 조국 한국의 번영·발전 도모가 첫째 관심사임.
둘째 관심사는 보편성(普遍性) - 인류번영의 길로 교육철학을 제시하
고, 홍익인간의 이상을 구현(具顯)하려 함.

89. 단상(斷想)

평상심, 미소를 띠고…
어깨의 힘을 빼고.
허리의 힘 요(腰) - 신체 중에서 가장 중요한 곳.
하루를 후회 없이 지내는 마음.
생명의 완전연소(完全燃燒)

(1980년 11월 19일 밤)

90. 도쿄대학 강연이 있는 날: "한국교육철학의 구조"

▶ 성현(聖賢)을 경외(敬畏)하는 일과, 성현의 사상을 조술(祖述)하는
일에 생애를 바치는 일은 다르다. 나는 성현을 진정 경외하는 마
음에서라도 결코 단순한 선인들의 사상을 해설하는 사람이 되기
보다는 아무리 험난한 지적 모험이나 작업이라 할지라도 나의 사
상, 나의 철학을 체계화하는 길로 나서기로 하였다.
우리가 경외하는 성현들 또한 이 어려운 일을 해낸 분들이 아닌
가. 이것이 진정 성현의 길을 실천하는 일이기도 하기에…

(1980년 11월 27일 아침)

91. 장인(匠人) 근성: '쇼쿠닌 가타기[기질(氣質)]'[6)]

▶ 좋은 의미로 일본에는 도처에 장인(匠人) '근성'이 살아있다.
'일예일능(一芸一能)'에 도달하는 일에 주력하는 좋은 전통, 정신적
풍토가 이루어져 있음을 알 수 있다. 그 연원은 봉건사회의 엄격한
신분제도를 오래도록 고수(固守)한 것과 관계가 있다고 해야 할는지
도 모르겠다.
그러나 어떻든 대(代)를 물려가며 한 가지 일에 달도(達道)하려 한다
면 사회는 그런 사람들로 구성되어 있어야 한다. 이것은 학자사회에
서도 마찬가지이다. 듀이 연구로만 일생을 마친다거나 페스탈로치 연
구로만 일생을 마치는 그런 사례는 일본에 너무도 많다. '장인 근성'
이라 하겠다. 그 대신 이것을 통합하는 거인(巨人)도 필요할 것 같다.

92. 11월 28일: 출혈일(出血日)

▶ 아침에 면도할 때 오른쪽 뺨의 사마귀를 건드림. 면도할 때에 약
간 힘이 들어갔던 모양인데, 그만 출혈.
결국 오늘 일진(日辰)은 출혈일(出血日).
재미있는 것은 쌀을 사러 갔다 오는데 출혈. 서점에서 전화가 와
서 주문한 책을 사러 나갔다가 다시 출혈. 집에 들어왔다가 내친
김에 찹쌀 사러 나갔다가 오는데 다시 세 번째 출혈. 거기다 네
번째로 외출을 한 것은 강환국 선생과 집에 편지 부치러 나가면

---

6) [편집자주] 일본어로 기질(氣質)은 기시쓰(きしつ) 혹은 가타기(かたぎ)로 읽는데, 전
자는 '기력과 체질'을 의미할 때, 후자는 '고지식함, 판박이판' 등 직인(職人)들의 장인
정신을 나타낼 때 사용하는 용어임. 산세이도(三省堂)에서 간행된 『大辞林』(제3판)을
보면, '가타기'는 「形木」에서 생겨난 용어로, "① 어떤 신분이나 직업, 환경 등에 있는
사람들 특유의 기성(氣性), ② 그러한 사람의 감정이나 행동에 나타나는 특유한 경향.
기성(気性)이나 습관"이라 되어있다. https://www.weblio.jp/content/氣質 (2019. 10. 4.)

서 유라쿠쵸(有樂町)에 있는 아메리칸 파머시(=약국)7)에 가서 장을 봄. 호콩, 쇠고기, 햄 통조림, 커피, 크림 등 구입하고 돌아오니, 역시 오늘은 출혈의 날로 일관(一貫)했다는 것이 재미있음. 원고 집필 전의 워밍업이라고 생각하면 그만임.

93. 한국인과 일본인 비교[1]: 대의명분과 직공 정신

▶ 한국인은 대의명분(大義名分)을 중요시하는 생각이 강하다. 의리에 살고 의리에 죽는다는 생각이다. 조선왕조의 경우, 명나라와의 관계를 잊지 못하여 청제국이 엄연히 중국 대륙을 지배하고 있었건만 '숭정(崇禎)'이라는 명나라 연호를 줄곧 사용해 왔다.
한편 일본인의 경우는 자기가 힘이 약하면 '마있다(參った)8)'라고 하며 항복한다. 서양인의 사고방식 같기도 하고, 강자에게 붙어살려고 하는 상인 근성이 눈에 띈다. 일본에 사는 외국인, 그가 진정 사람답게 사는 길이 있다면 하나밖에 없다. 역도산(力道山)이 그랬듯이 타의 추종이 불가능할 정도의 초인적 실력을 보여주는 길 외는 없다. 일본인들은 자벌레같이 키를 재보려고 한다. 자기보다 월등히 거대하다는 것을 알 때 그들은 고개를 숙인다.
▶ 일예일능(一芸一能)의 장인 같은 직공정신(職工精神)이 투철한 것이 그들이다. 일본학자의 경우를 보아도 제각기 외국학자 한 사람을 자신의 평생 전공으로 삼고, 그 분야 연구의 1인자가 되기 위해 생애를 바치려고 한다. 이러한 연구의 성과가 모여서 외국문화연구의 집대성이 가능하니 어떤 의미에서는 좋은 일이다.

---

7) [편집자주] 일본의 약국은 약품뿐만 아니라 건강식품이나 잡화, 화장품 등을 함께 파는 곳임.

8) [편집자주] 동사원형 參る(마이루): ① 가다, ② 오다, ③ 참배하다, ④ 항복하다, 지다 = 負ける, ⑤ 질리다, 손들다 등. 『다음 일본어 사전』

이에 반해 우리 한국인의 경우는 "아무리 추워도 곁불은 쪼이지 않는다."는 양반 근성이라 할지 그런 것이 있는 것 같다. 제각기 한 나라, 한 분야의 지배자, 권위자가 되려고 한다. 남아래 들어가려고 하지 않는다. 무언가 자기 자신이 주인이 되어 새로운 것을 만들어 보려고 한다. 좋은 일이다. 여기에 또 하나 장인정신을 보태면 무적의 강자가 되리라는 생각이 든다. 우리의 꿋꿋한 남아로서의 기상(氣像)과 장인의 기능(技能)이 보태진다면 말이다.

(1980년 11월 29일 아침)

94. 한국인과 일본인 비교[2]: 큰 재주와 작은 재주

▶ 손재주를 부리는 것, 재간을 부리는 것을 한국인은 싫어한다. 일본인도 물론 그럴 것이다. 그렇건만 한국인과 일본인을 비교한다면 아무래도 한국인이 싫어하는 손재주를 부리는 것이 일본인인 것 같다. 정경분리(政經分離)니 하면서 결국 자기 잇속을 취하는 정책적 재주를 부린 사실이라든가, 그러기에 자유중국을 폐리(敝履: 헌신짝)와 같이 내동댕이쳐 버리는 변화 같은 것이, 우리나라가 아직껏 자유중국(=대만)을 우방국으로서 대하는 의리와는 판이하다.

▶ 일본 춤은 손놀림이 주요해서 손끝을 요리조리 움직이는 것이 특징인 것 같다. 경쾌하여 보기에 좋으나, 어쩐지 그들의 생활철학의 일단이 보이는 것 같아 마음이 무거워진다. 이곳 날씨와 같이 언제 어떻게 변할지 모르는 것과 같다고나 할지. 어깨를 들먹이며 몸 전체로 흥(興)을 표현하는 유장(悠長)한 우리 춤과 손끝으로만 빠른 동작으로 하는 일본 춤 사이에는 엄연한 차이가 있는 것 같다. 그리고 그것은 생활철학의 차이라고 생각된다.

95. 불행(不幸)의 긍정적 역전 능력자

▶ 역설적으로 들릴는지 모르겠으나, 불행이라는 것은 누구나 싫어
하는 것이지만, 바꾸어 말하면, 똑같이 불행한 경지에 놓여도 이
에 대해 어떻게 대처하는가에 따라서는 그 전도(前途)에 커다란
격차가 생긴다고 본다. 말하자면 진정 능력 있는 사람이란, 이 같
은 불행을 어떻게 디딤돌로 삼아 자기 삶을 행복으로 바꾸는가에
있는 것 같다.

▶ 큰 불행은 큰 행복에로의 전환점도 되는 것이다. 문제는 불행을 불
행으로 끝나게 하는가, 아니면 불행을 행복으로 바꾸는가의 차이이
다. 개인과 마찬가지로 민족 또한 그렇다. 우리는 불행을 당할 때
야말로 개인 또는 민족으로서의 능력 발휘의 기회로 알고 분연히
일어나, 행복한 새로운 삶을 전개케 해야 할 것이다.

96. 변통(便通)

▶ 돈이 없어 궁색해져서 누군가에게 가서 돈을 좀 꾸려고 할 때,
"돈 좀 변통(便通)해 달라."라는 말을 쓰기도 한다. 자의(字意)대로
라면 변통이란 변(便)이 통하는 것이다. 똥을 눈다고 하면 말로
하기도 좀 그렇거니와, 글로 표현하는 일 역시 꺼려지는 일이다.
그러나 달리 생각하면, 인간에 있어 이것만큼 중요한 일이 따로
없다. 살아있다는 것, 건강하다는 징표는 곧 변통이 잘 되는가 아
닌가에 달려있기 때문이다. 우리는 너무도 이 사실에 대하여 평
소, 건강할 때는 잊고 있는 것 같다. 잊고 있을 수 있을 정도로
건강하다면 천만다행이 아니겠는가.
오늘도 아침에 규칙적으로 변통(便通)하였다. 고마운 일이다. 뒤
를 보고 난 뒤의 시원함에 감사한다. 너무 구린 얘기가 된 것 같

지만, 변통이란 인간의 삶에 있어서 매우 중요한 '관건적(關鍵的)'
인 일의 하나이기에 언급해 둔다.

97. 일본인의 사대주의(事大主義)

▶ 향일성(向日性): 일본인은 항상 그 시대의 강대국에 고개를 돌려
왔고, 그 나라 문화 섭취에 몰두해 왔다. 지금도 큰 변화는 없다.
1) 중국에의 경도(傾倒): 고대로부터 근대 개국(1853) 이전까지.
2) 난학(蘭學=네덜란드학): 나가사키(長崎)를 통해. 『난가쿠 고토하지
메(蘭學事始)』[9]
3) 영국문화 심취(心醉): 일영동맹(日英同盟: 1902)
4) 독일과 프랑스 문화수용
5) 미국에의 경도: 제2차 세계대전 종전 이후 현재까지.

98. 나의 연구실, 나의 문자(文字)

▶ 이곳 외국에서의 연구 생활을 통하여 절실하게, 새삼 가슴속 깊
이 느낀 일들이 있다.
그중의 하나가 연구실 문제이다. 물론 이곳에서도 연구실이라 하
여 방 하나에 전화기, 책상과 책장, 응접세트, 옷장 등이 비교적
편하게 제공되고 있다. 연구실 문에도 「한(韓) 교수 연구실」이라
는 명패가 붙어 있다. 비록 이 연구소 전체를 통틀어 봐도 연구자
의 성(姓)만 적혀있는 곳은 내 연구실 하나뿐이지만. 그런데도 서
울에 있는 대학 연구실 생각이 간절하다.

---

9) 스기다 겐바쿠(杉田玄白) 저, 『蘭學事始』, 東京: 林茂香, 1890.

연구실은 하루아침에 이루어지는 것이 아님을 새삼 느끼게 된다. 우리 말, 우리 글자로 사색하며 문장을 남길 수 있는 일이 얼마나 값진 것인가를 절감한다. 이 점이 소중한 것이다.

99. 차분한 긍지와 불안한 우월감

▶ 차분하게… 불안하게(ジックリと… そわそわする。)
한국인의 경우는, 그 옛날 우수한 문화를 일본인에게 가르쳐 주었다는 긍지(矜持)가 지금껏 의식하에 남아 있다고 하겠다. 여기에 대하여 일본인은 뭔가 열등감을 느꼈었는데, 어느 순간 한동안 한국을 지배한 적이 있었다는 우월의식을 갖게 되었다.
어떻든 자기 나라가 발전·번영하고 볼 일이다.

100. 맥락적 이해와 파악

▶ 역사의 의미: 전후 관계(context)의 문제
- '비교교육론': 한·중·일에서 한·미·일로. 다시 동아시아로.
- 문화대국의 본질은 무엇인가? 어떻게 하면 문화대국이 되는가?
- 대학의 사명은 문화창조(文化創造)의 최고 기구요 기능을 갖추어야.

101. 교육의 효과와 제도

▶ 교육제도(教育制度)의 의미는 무엇인가? 누구를 위한 것인가?
만약에 교육의 '효과' 혹은 '효율성'이 도리어 기존의 교육제도로 인해 심각하게 삭감되거나 둔감되는 일이 생겨난다면, 이것은 본

말이 전도된 일이라고 해야 할 것이다. 새로운 시대는 이러한 개
성의 최대 신장에 막대한 지장을 주는 여러 조건에 대한 검토와
비판, 시정이 촉구되어야 할 것이다.

이를테면 음악가 양성의 경우만 하여도 그들은 일반적인 교육제
도와는 다른 길을 마련하여 천재적 음악가를 출현시키고 있다.
배워야 할 것이다. 본래 교육제도는 인간교육의 효율성을 위해서
마련된 것이었을 것이다. 가정교사가 주로 하던 교육 역시 그랬
을 것이다. 물론 이것은 경제적, 사회적 특권층에서만 누릴 수 있
었던 일이었지만…

▶ 옛날 '선비'들은 날씬함. 천천히 식사하면 살이 덜 찜. (빨리 먹는
사람보다도)

(1980. 12. 6. 아침)

102. 달리기의 이득(利得)

1) 섭취 열량의 적절한 소모
2) 근육의 단련, 정신적으로 상쾌함.
3) (달리기 자체가) 즐거움.
4) 비용이 적게 먹힘. (달리기에 돈이 들지 않음.)
* 관리직(管理職)이나 상류층 사람들은 날씬함. 자기 건강관리도 못
하는 사람이 어떻게 회사 관리를 할 수 있겠느냐는 생각. 반면에
미국에서는 서민층, 하류층일수록 패스트푸드의 영향으로 뚱뚱함.
건강관리의 여유가 없다는 표시임.
 - illness(병)에 대하여 wellness(건강)라는 단어가 등장.
* 상류층(上流層)의 특징으로: 날씬할 것, 안색이 좋을 것, 금전적으
로도 생활에 여유가 있을 것, 먹는 음식물보다도 대화내용에 중점
을 두는 사교의 중요성 인식.
* 미국에서 건강산업이 왕성해지고 있음

103. 외국에서 본 일본의 교육

▶ 확실히 일본인은 '외국에서 본 ○○'이라든가 '외국인이 본 ○○'과 같은 일본관에 대해서 끝없는 관심을 두는 것 같다. 나 역시 이곳에 와서 일본인론 관계의 책을 취미를 겸해서 사 보았다. 한 편으로는 나 자신이 일본인을 알고 싶어서이지만, 또 다른 한편으로는 실제로 일본인 자신이 유난히 "외국인은 우리를 어떻게 보고 있을까?" 또는 "생각하고 있을까?" 하며 이러한 의견을 듣고 싶어 하기 때문이다.

나로서는 이곳에서 1년간 조용히 지낸 뒤, 여러 가지로 보고 생각한 뒤 그저 조용히 떠나려고 하였지만, 마침「일본 비교교육학회」에서 발표를 요청해 왔으니, 일본인의 궁금증 즉 외국인은 자신들을 어떻게 보는지에 대한 솔직한 나의 견해를 피력하기로 하였다. 그러나 나의 최대관심은 일본 그 자체이기보다 외국인의 처지에서 일본인을 보는 관점을 통해 나의 조국, 즉 한국의 교육을 어떻게 볼 것이냐에 맞춰져 있음은 물론이다.

104. 문자(文字)의 학습

1) 자기 이름 쓰기
2) 필요성으로부터
3) 그림책 - 읽어주기
4) 글자 쓰기 – 순서에 따라[서순(書順)], 즉 서법(書法) 중시.

105. 연구 생활의 리듬

▶ 기초주의 교육철학: '기초주의'의 체계화를 위하여
1) 생활의 리듬: 규칙적인 변통(便通)
  - 건강상태 / 식사 / 가벼운 체조 / 정신적 건강(장기적이며 보람
    있는 삶이라는 의식) / 산책 / 낮잠[오수(午睡)] / …
2) 연구 생활의 리듬: 생애 사업 성취계획
  - 10년 단위 / 5년 단위 / 1년 단위 연구내용의 추진 / 자료수집 /
    독서 /
  - 논문·저(술)서를 위한 집필: 하루에 200자 원고지 20매 정도로,
    이렇게 하면 첫째 무리가 없고, 이보다는 더 쓸 수 있을 것이니
    계획대로 집필이 안 되었다는 초조감 없이 하루하루를 지낼 수
    있을 것이다.
  - 계속된 사색(思索) : 일본에서의 나의 생활 역시 여태까지의 나
    의 연구 생활의 리듬을 유지·발전시키려고 노력하고 있다.

106. 보편성과 특수성

▶ 문화적 삼각파도(三角波濤): 교육학적 자서전
  1957년, 미국 국무성 초청으로 컬럼비아대학에 교환교수로 갔을
  때 내가 받은 문화적 충격은 무엇이었는가? 거기서 내가 크게 깨
  닫고 장차 내가 할 일로서 스스로 자기 생애연구(계획) 과제로
  생각한 것은 무엇이었던가?
  첫째, 앞으로는 계속 세계적 규모로 문화의 보편화(普遍化)가 가속될
것이다. 따라서 역설적으로 자국 문화, 즉 민족문화의 자기 확인과 존
재 이유가 분명하게 될 것이다. 그러므로 '한국문화'에 대한 본격적인
연구가 필요할 것이다.

둘째, 컴퓨터의 위력은 장차 더욱 증대할 것이다. 따라서 컴퓨터를 이용하는 것을 본격적으로 생각해야 할 것이며, 나 자신은 여전히 컴퓨터가 해내지 못하는 연구 영역인 '교육철학' 분야, 즉 '기초주의'의 이론화에 주력(注力)하리라고 마음먹고 있지만…

107. 12월 31일 밤

▶ 가친의 기일(忌日): 돌아가신 아버님 영혼의 힘의 위대함이여!! 돌아가신 우리 어머님께서도 잘 계시겠지… 안녕(安寧)하시겠지.

▶ 저녁에 서울 집과 통화함. 군대에 가 있는 용(龍)도 마침 휴가로 (22일까지) 귀가 중이었음. 식구들과 고루고루 한 마디씩 나눔. 모든 것이 잘 이루어지고 있음.

(1980. 12. 31. 오후 7시 15분)

제Ⅱ부

『도쿄일기』

1981년 1월 1일 ~ 6월 30일

---

108. 스포츠와 인생

▶ 라디오 강연 NHK 9:00 P.M.

올림픽 선수 출신인 이케다 게이코(池田敬子: 1933~   )[10] 출연

1) 건강하다는 것

2) 자연과의 관련성

3) 누구나 늙으면 죽는다는 사실: 그러기에 어떻게 살 것인지, 어떻게 잘 죽을 것인지가 문제. 운동, 체조 등은 몸에 저장할 수가 없다. 따라서 지나치게 운동을 하는 것이 더욱 위험하다.

* 노화의 순서: 눈은 6세부터, 미각은 13세부터, 신장은 17세부터…
  - 심장이 터지는 병: 움직여야 한다. 걷기, 체조 등.
  - 뼈 208개: 뼈는 죽을 때까지 따라간다.
  - 근육 639개: 적절한 근육운동이 퇴화를 늦춘다.

* 운동: 남 보기에 그럴듯하다는 것이 문제가 아니라, 자기 자신의 생활을 위한 것이 되어야 함.
  - 먹고 싶다, 하고 싶다 => '자연(自然)히' 하는 것이 중요함.

* 건강과 정신 - 환경 만들기
  - '마음'이 제일 중요함. => 원효의 일체유심조(一切唯心造)
  - 자율신경증이 문제. 여성은 갱년기부터 특히 조심.
  - 건강은 돈으로 살 수가 없다. 스스로 만들어 가는 것.

* 노인을 대하는 방법: 너무 대접한다고 편하게만 해 주기보다 적당한 일을 하도록 하는 편이 좋음.
  - 팀워크(Team work): 정신적으로 건강한 것이 제일임.
  - 트림(Trim): 균형을 취하는 것 => 육체적 건강 + 정신적 건강

* 건강은 누가 주는 것이 아니고 자기가 만드는 것.
  남의 페이스에 말려들지 말 것. 100세는 노인(老人), 80세는 장년, 60세는 청년, 60세 이하: 소년

---

10) 池田敬子: 일본체육대학 교수. 1964년 도쿄올림픽 등 올림픽 3번 출전.

* 체육(體育)의 효과는 오랜 세월을 통해서 나타나는 것임.
  - 운동과 노동의 차이: 측(側), 배면(背面)의 운동.
  - 각자의 관점이 있음. 그것을 바르게 알고 할 것. 자기에게 필요한 부분을 운동할 것.
* 어깨, 눈과 발바닥은 서로 상관관계가 있음.
  - 제2의 심장은 '다리'이다. 체내의 순환주기는 50초.
  - 굳이 어려운 운동을 택하지 말 것. 나이 든 후에 어려운 운동을 택한다는 것은 '지나친 것'이 되기에. 먼저 손 짚지 않고 일어서고 앉는 것부터. 자신감이 생기면 산책을 해본다는 식으로 발전시키면 됨. 덤비지 말고, 무리하지 말 것.

▶ 야단치는 방법
* 서양: 당장에 심하게 야단친다. 그것으로 끝.
* 일본: 모아두었다가 옛날 젖 먹을 때 얘기까지 야단치는 방식

109. 겸손한 능력인

▶ 훌륭한 사람들의 공통점:
- 모두가 한결같이 겸손하다.
- 어깨에 힘을 주지 않는다.
- 남을 알고 자기를 알고 있다.
- 자기 나름의 생활철학을 갖고 있다. 공자의 사십 불혹의 의미
- '척'하지 않는다. "(왕년에) 내가 말이야(俺が俺が…)" - 제일 나쁘다고 일본인들도 말한다.

110. 일본인의 신심(信心)

▶ 신사(神社), 불각(佛閣: 사찰) 참배
* "평소에 마음가짐을 옳게(훌륭하게) 하려는 태도(常日頃, 心がけを 立派にする)" 매우 소중한 일임.
* 원단(元旦: 정초)에 '산샤마이리(三社參り)'의 풍습. 신사 또는 사찰 세 곳을 참배함으로써 행운을 빈다.
* 어린이에 대한 친절한 마음[심(心)]: 점원이고 차장이고 한결같이 그들은 어른에게 대하는 것보다도 훨씬 더 어린이들에게 친절하게 대하는 것이 눈에 띈다.

111. 구상(構想)과 정교(精巧)

▶ 한국인은 큰 그림의 구상(構想)에서는 절대 떨어지지 않는다. 이에 반해 일본인의 경우에는 작은 것에 정성을 들여 심화시키는 접근법을 쓰고 있음. 즉 주제를 작게 잡아 꾸준하고 정교함.
* 일본문화의 특성: 작은 것의 시간적 축적을 통해 큰 것을 이루어가려는 삶의 지혜와 태도 - 일본의 국가 기미가요(君が代)에 나오는 "사자레이시노 이와토 나리테(さざれ石の巖となりて)[11]"라는 말의 뜻이 무엇인가를 새삼 알 수 있다. Small is beautiful! 생존의 근거
① 가사네기(重ね着) 문화: 옷을 기온에 따라 몇 겹이고 겹쳐 입는 방식. 조절(調節)의 묘(妙)

---

11) [편집자주] 사자레이시(さざれ石)란 한자로 '세석(細石)'이라 쓰고, 학술적 명칭은 석회질 각력암(石灰質角礫岩: 모래·점토 등이 교착물과 함께 응고된 암석)이다. 본래 사자레이시의 의미는 한자에서 보듯이 작은 돌이 모여진 것인데, 일본에서는 옛날부터 산이나 바위에 신령이 깃들었다고 믿는 자연숭배를 이어오면서, 사자레이시는 오랜 시간을 거치며 점차 자라나기 때문에 예부터 신이 강림하는 장소로 믿고 신사가 많이 세워졌다. https://celestia358.luxe/320 참고.

② 쓰키다시(突き出し) 문화: 기존의 것에 증축하는 방식(建て増やし). additional culture…

③ 식사할 때에 그릇은 작으나, 여러 번 먹으니 상당한 양(量)이 됨. '이치젠(一膳)', '니젠(二膳)', '산젠(三膳)'… '돈부리(井)', 메밀국수 등 몇 그릇씩 먹는 방식

④ 양갱 전문점 '도라야(虎屋)': 도제(徒弟)에서 동량(棟梁)이 될 때까지 20년 걸림.(팥 선별 5년, 팥소 만들기 3년 등등)

⑤ 자료수집: 보잘것없는 것이라도 열심히 모아가는 동안에, 그것도 평생 수집하니 놀랄만한 분량이 모이게 된다. 이런 일로 해서 결과적으로는 자신감도 얻게 된다고 하리라.

* 한국문화의 특성: 시대적으로 중심이 분명함. 이를테면, 불교 중심의 시대라든가, 유교 중심, 또는 지금의 기독교 중심 하는 식으로… 그러나 이제는 이 모든 문화적 유산을 '통합(統合)'하는 방식으로 모색해야 할 것이다.

112. 새해에 바라는 말 - 12월 15일

▶ 정진(政震)에게: 자기가 정말 이해할 수 있는 인생이 되게 신념을 가지고 현명하게 구축해 갈 것.

▶ 경진(經震)에게: 자기 페이스로 인생을 끈질기게 꾸준히 달릴 것.

▶ 용진(龍震)에게: 귀중한 체험을 깊은 사색으로 높은 철학적 세계로 승화시키기를 바란다.

▶ 석진(碩震)에게: 감추어진 자기 자신의 좋은 점을 재발견하고 그것을 최대로 키워서 큰 인물이 될 것을 기대한다.

113. 우리에게 있어 일본이란 무엇인가.

▶ 일본 민족은 외래문화를 탐욕스러울 정도로 수용한다. 일본 '특유의 필터'로 동화(同化)시키고 있다. 이것은 무엇인가?

일본을 보는 우리의 눈: 임진왜란… 식민지 시대.

* 조선통신사가 일본에 남긴 국위(國威), 우리 문화의 우세함은 일본에 그들이 남긴 액판(額板) 글씨 하나를 보아도 알 수 있다. - 한국인의 문화민족으로서의 긍지(矜持).

* 일본인은 계산이 빠른 민족이다. 장삿속을 갖고 움직인다. 흔히 경제적 동물(economic animal)이라고도 하는데, 정말 눈을 부릅뜨고 악착같이 살려고 한다. 그래서 오늘날의 번영을 가져오게 된 것이다. 그리고 지금도 계속 자기들만은 잘살아보려고 한다. 그들의 모든 정책이 이 한 가지로부터 출발한다.

우리는 이 점을 기억해야 한다. 결코 일본인을 경제적 동물이라 비웃어서는 안 된다. 우리 역시 잘살고 봐야 비로소 대등하게 얘기를 나눌 수 있는 것이 아닌가. 다만 '선비의 나라'라는 긍지를 잃지 말고, 문화적으로 높은 경지를 추구하는 것이 궁극적인 목표가 되어야 할 것임. 이것은 우리 민족의 천성이니까. 그리고 이것은 바람직한 천성이기도 하다. 다만 일본인의 경제에 대한 지나친 관심을 비웃는다거나 과소평가하려는 태도는 때로 오판을 불러오게 되니 유의하여야…

114. 일본의 '좋은점[요사(善さ)]'에 관하여

1) 아마에토 기비시사(甘えと厳しさ)

- 아마에(甘え): 버르장머리가 없을 정도의 대화형식(부자간, 부모와 자녀 사이), 어리광.

- 기비시사(厳しさ): 도제제도의 엄격함, 스모계(相撲界), 연예계 등
  예: '라쿠고(落語)'…
2) 호도호도니(ほどほどに)
- 알맞게 하는 것을 강조한다. 각각의 신분, 딱 알맞은 정도, 신분에
  어울리는 것, 적당히.
3) 스키코소모노노 죠즈나레(好きこそものの上手なれ)
- 흥미(동기)의 강조, 좋아하기 때문에 질리지 않고 노력하므로 결국
  그 방면에 능숙하게 됨.
4) 게지메오 쓰케루(けじめをつける)
- 절기 감각, 해도 좋은 일, 나쁜 일의 구별을 태도·행동으로 분명
  히 하다.
  일하는 데도 시작과 끝마무리를 중요시함. … 의식(儀式)으로도 발전함.
  決(結)着をつける : 예 - 政治的決(結)着(정치적 결착)
5) 쇼쟈파리(小ザッパリ), 쇼기레이니(小ぎれいに)…
- 산뜻하게, 정리 정돈하는 생활 습관…
6) 하키하키토 샨토스루(ハキハキとシャンとする)
- 축 늘어지는 것을 싫어한다.
7) 다테마에토 혼네(建前と本音)
- 사람과 대할 때(얘기할 때)에도 그 사람의 의도하는바 '속마음'이
  무엇인가를 간파(看破)해야 한다. 이것은 별로 좋다는 얘기에는 들
  어가지 않겠지만…
8) 네마와시(根まわし)
- 인간관계 중시, 사전 공작의 중요성을 잘 알고 움직여야 한다.

115. 김정환 교수의 답장

▶ 경애하는 한기언 교수님!

객지에서 노고가 많으시겠습니다. 결국 우리 학자들이란 평생 길을 묻다가 쓰러지는 존재이며, 그 과정에서 즐거움을 느끼는 삶이 아닌가 여겨집니다. 특히 우리나라처럼 학자를 대우하지 않는 나라에서는 참으로 비장한 각오, '진검(眞劍)'이 아니면 안될 것으로 느껴져 서글프기도 하고 자랑스럽기도 합니다.

원고 감사히 받았나이다. 수고 많으셨습니다. 학회 운영이 이렇게 힘들다는 것을 회장직을 맡고 비로소 알았습니다. 그럴 때 이 터전을 이 정도로라도 닦느라 얼마나 수고가 많으셨을까 하고, 새삼 선생님의 노고에 머리가 수그려집니다. 결국 우리의 문제는 인간으로 성실치 못하기에 학문이 안되는가 하고 절실하게 느껴집니다. 시간 하나 지키지 못한 주제에 학문이 다 무엇인가! 이렇게 분통이 터질 때가 많습니다. 허물없다는 핑계로 이렇게 푸념 늘어놓아 죄송합니다.

어제 용진군이 15일 휴가를 얻었다며 연구실에 들러 정담을 나누었나이다. 안색도 좋고 생기에 넘쳐 있더군요! 안심하소서.

원고가 잘 걷히지 않아 괴로움이 많습니다. 미리미리 연락했고, 또 집필자에게 가장 알맞은 제목을 다 골라 드렸는데도요! 모두 세미나다, 뭐다 하면서 돈 나오는 데만, 이름 날리는 데만(?) 쏘다니고 있기 때문이지요. 숨어서 자기 일 하는 지혜를 모르는 사람들입니다.

오늘은 이만 줄입니다.

1980. 12. 12
연구실에서 金丁煥 배

p.s. 아베(阿部) 선생, 이나바(稻葉) 학형께 안부 전해주시길 바랍니다.

116. 용진이 답장

▶ 아버님 전상서

아버님께서 보내주신 10월 29일 편지는 어제에야 받아 보았습니다. 그제(12월 8일) 부로 휴가 명령을 받아 집 안방에 와서 앉아 있습니다.

무언가 많이 변한 듯하면서도 변함없는 여전함을 느낍니다. 칠월 이후로는 저 역시 부대 이동으로 후방 부대에 있습니다. 전보다 시간적 여유는 좀 없어져서 책 보기가 그리 수월하지는 않습니다.

또 그동안은 월동 준비하느라 비교적 바쁜 생활이었습니다. 이젠 훈련도 다 끝나고 월동 준비도 다 끝났기에 어느 정도는 여유가 생긴 듯도 합니다. 군 생활에 큰 불편 없이 잘 적응하며 생활해 가고 있습니다.

말씀하신 어학 공부는 명심하고 항상 열심히 하고자 합니다. 휴가는 12월 22일까지고 그 이후 부대는 휴무가 되므로 편안히 지낼 것 같습니다. 저 역시 다른 곳에서 집을 떠나 생활하지만, 아버님도 항시 건강에 유의하시어 돌아오실 때까지 건강한 모습으로 다시 뵐 수 있기를 바랍니다.

휴가 첫날은 성북역에서 학교로 먼저 가서 안기성 교수님과 김정환 교수님께 인사드리고 왔습니다. 모두 안녕하시고 안 교수님과는 약간의 대화도 나눌 수 있었답니다.

남은 기간 동안 생활에 평안하시기를 바라며 이만 줄입니다.

삼남 용진 올림.

117. 수집, 보존의 성향

일본인의 경우 자료수집, 정리, 보존에는 매우 탁월한 성향(性向)이 보인다. 기념도 잘한다. 도처에 기념비가 있고 동상이 세워져 있다. 조그만 석비(石碑)를 세워 유적지임을 표시하고 있기도 하다.

우리는 역사적으로도 귀중한 문화재를 전란으로 인해 잃게 된 쓰라린 과거가 있다. 이 때문에 어느덧 기록을 남기는 일을 비롯하여 만사 수집 보존하는 데도 흥미를 잃게 된 것은 아닐는지…

쩨쩨한 것을 싫어하고 크게 놀려고만 하는데, 역시 소소한 것을 무시하지 않고, 이것의 축적으로써 대(大)를 이루도록 하는 삶의 지혜가 필요한 것이 아닐까? 한국인은 구상력과 통합력이 탁월하다고 보면 어떨는지. 여기에 수집, 보존의 성향도 가미되면 더욱 좋겠다.

(12월 20일 아침)

＊ 실험주의(實驗主義): 처음 가는 곳(길)도 사전에 지도로 어느 정도의 짐작이 서면, 다음은 찾아가는 것 자체에 재미가 있는 것 같다. 요즈음은 적극적으로 이런 방식으로 약간 힘이 들어도 열심히 찾아가 보고 있다. 음식 만드는 것 역시 마찬가지이다. 예상하고 계획하고 시도해 보는 것인데 대체로 잘 들어 맞아가니, 이것 또한 외국 생활에서 얻은 하나의 수확이라고나 할지…

118. 나의 교육학적 편력(遍歷) 수업

▶ 관립 경성사범학교 입학의 의미
중학교(5년제)를 거친 대학 생활이 아니고 처음부터 전문과정인 사범과정(師範課程) 8년간의 생활은 얻은 것도 많으나 잃은 것도 많다. 잃은 것이란 분야가 교육, 교육학 분야가 아닌 동창생을 가지지 못하는 사람이 되고 말았다.

▶ 대학 학부 과정에서: 사회과 교육학에 가장 관심을 쏟은 까닭은 현대 교육학의 추세에서 판단, 선정한 것이었다. 그러나 대학원 과정을 마치고 그 후 교육학 전공자로서 다시금 더욱 근원적인 면에서 정력을 쏟게 된 것은 교육사학(教育史學)이요, 교육철학(教育哲學)이 되었다.

「기초주의」는 나의 교육철학이요, 나의 학문적 성과의 총결산을
의미하는 학적 결정체이다.

(12월 20일 저녁)

119. 선비의 사치

사치라는 것은 도덕적으로 '검약'의 반대어요, 좋지 않은 것으로 여
겨지고 있다. 옳은 말이다. 그러나 나는 때로 다음과 같은 생각을 늘
하고 있다.

'사모시이(さもしい)'[12]라는 말이 있는데, 걸인(乞人) 근성이 엿보이
는 '검약'을 나는 배격한다. 정신적으로도 걸인 근성이 몸에 밸까 봐 배
격하는 것이다.

나의 재력이 허용하는 한도에서 나는 가급적 '사치'를 누리려고 한
다. 그것은 물질적 사치라는 형식을 취하는 것이겠지만 (음식, 술 등에
있어서도 되도록 좋은 것을 택하려는 것인데…) 그 까닭은 정신적으로
더욱 윤택하고 고상한 심경(心境)을 유지하고 싶어서인 것이다. 어찌
이러한 경지를 돈으로 환산할 수 있겠는가. 이런 까닭으로, 모름지기
선비는 스스로에게 적절히 사치할지어다.

히로시마 시절에도 「스이신(醉心)」이라는 제일 품위 있는 일식집에
가서 늘 식사를 한 의도(까닭)도 또한 여기에 있었다. 나는 돈은 별로
없는 사람이나 마음조차 가난한 사람은 아니다. 지금 도쿄 생활에서도
마찬가지이다. 좋은 술과 맛있는 고급 안주를 먹으면서 또한 좋은 음악
을 들으면서 이 글을 씀.

---

12) [편집자주] さもしい: 1. 일설에 「沙門さもん」에서 「サモンシイ」가 만들어지고, 「サモ
シイ」로 변한말로, 출가한 중과 같은 느낌이라고 하는 것이 원의(原義)라고 함, 2. 보
기 흉하다, 3. 야비하다, 4. 볼꼴사납다, 5. 치사하다.『다음 일본어 사전』

120. 극기복례(克己復禮) 거경궁리(居敬窮理)

요즈음은 노년기 생활이 크게 문제가 되어있는 것 같다. '고독', 즉 외로움이 제일 문제라는 것이다. 그런데 이것은 어떻게 보면 현재의 나 역시 혼자 외국에서 연구 생활을 하고 있으니, 이것 자체가 홀로 사는 노년기, 즉 은퇴 후의 생활과 다를 바 없지 않은가. 좋게 얘기하면 이곳에서의 1년간이란 은퇴한 뒤의 고독한 생활의 훈련과정과도 비슷한 것 같다.

지금에 있어서나 훗날의 은퇴기 생활에 있어서나 그 '고독'을 이겨내는 길은 '극기(克己)'요 '거경(居敬)'에 있는 것 같다. 뒤집어서 생각해보면 '가족'이 있고, 그러한 가족에 둘러싸여 사는 '가정'이 얼마나 귀한 것인지 모르겠다.

(12월 22일 아침)

* 사람 '인(人)'자를 보면, 두 사람이 의지하여 사는 형상(形相)

121. 새로운 감회 - 저술의 의미

이곳 일본에 올 때 내가 저술한 몇 권의 책을 가지고 왔다. 가끔 부탁을 받아 강연원고를 만들어야 할 때, 관계되는 나의 저서를 다시 보게 된다. 그 하나하나가 나의 지난날의 학문적 결정체이니 감회가 깊지 않을 수 없다.

그런데 유독 이곳에서 감회가 깊다는 데에는 또 하나 다른 뜻이 있다. 그것은 다름이 아니라, 정말 자기 생활(지금은 아무래도 여행 중이라는 생각이 더 강하고, 역시 임시적 삶이라는 느낌이 강하다)에 굳건히 자리를 잡고 있을 때 거기서 태어난 책이 바로 내가 손에 쥐어 보는 '나의 저서이다 보니' 한층 감회(感懷)가 깊다는 것이다.

(12월 22일 아침)

* 발전과 통정(統整)의 율동적 자기 전개 = 기초주의 핵심 원리

122. 이웅직 교수의 답장

9월에 보내주신 혜서(惠書) 반갑게 보았습니다.

그동안 바쁜 나날을 보내 이제야 펜을 들게 되었습니다. 2학기가 늦게 시작하여 12월 들어서도 강의를 하다가 요새 종강에 들어가고 있습니다. 학기말 시험은 1월 중순경에 있을 예정입니다.

10월에는 설악산에서 추계 채집회를 가져 생물과 학생들과 다녀왔는데 서울대의 수련장이 시설이 잘 되어있어서 큰 도움을 받았고 수련장에서 도보로 15분 거리에 척산(尺山) 온천이 있어서 온천을 즐기는 흥취(興趣)가 있었지요.

11월에는 학회가 많이 열려 저는 유전학회에 2편, 식물학회에 1편 발표하여 금년에는 연구에도 꽤 성과가 있어서 한 해를 보내면서 보람을 느끼고 있습니다.

저의 연구실에는 현재 대학원생 4명이 있어서 연구가 궤도에 올라가고 있는데 금년에는 연구비가 별로 없어서 여러 가지로 애로가 많았지요.

경성사범 동창들과 어울려서 여행하셨다는 소식을 듣고 부러운 느낌이 드는군요. '치쿠바노 도모(竹馬の友: 죽마고우)'라는 말을 실감(實感)합니다. 이제 방학이지만 저는 온실도 있고, 실험, 재배를 1월부터 시작하기 때문에 지금 그 준비에 바쁩니다.

내주 월요일(22일)에는 사대 교수 칵테일 파티가 있어서 송년회를 하게 되지요. 그러면 몸 건강히 연구에 성과 있으시기를 빕니다. 일본 동창생들에게 안부(安否)를 전해 주십시오.

1980년 12월 17일

이웅직(李雄稙)

123. 안건훈 석사의 서신

▶ 한 선생님께

선생님을 뵈온 지도 어느덧 6개월이 되는 듯합니다. 선생님 그간 안녕하시온지요.

저는 선생님께서 일본에 가신 후 곧이어 유학 수속을 하게 되어, 지난 가을부터 이곳(랜싱)에 있는 미시간 주립대학에서 공부하고 있습니다. 처음 온 외국이고, 처음 겪는 유학 생활이라 여러모로 얼떨떨한 가운데 한 학기를 보내고 있습니다.

그리고 교수님의 강의 내용이나, 교수・학생들 간에 어떤 이야기가 서로 오고 갔는지, 저로서는 별로 알아듣지 못한 채 첫 학기를 보내게 되었습니다. 주변에 계신 교포들이나, 먼저 온 다른 유학생들이 세월이 흐르면 조금씩 나아진다고 격려를 하여 주곤 합니다.

지금은 대학 기숙사에서 생활하고 있으나, 대다수의 다른 유학생들이 이곳에서 가족들과 생활하고 있듯이 저 역시 서울에 있는 가족들을 내년 봄이나 여름에는 데려오려고 하고 있습니다. 그러면 외로움도 좀 덜할듯하고 음식에 관한 부적응 상태도 좀 해결될 것이라고 주위에서 말하곤 합니다.

이제 12월도 중순에 접어들었으니, 성탄절과 새해도 머지않았나 봅니다. 기쁜 성탄절과 새해를 맞아 선생님 복 많이 받으십시오.

안녕히 계십시오.

1980년 12월 14일
랜싱에서 건훈 올림.

124. 한국인과 일본인

나는 일본에 들를 때마다 "무슨 일이 있어도 일본에 관한 책을 한 권 꼭 써보아야겠다."라는 생각을 하게 된다. 그러면서도 아직은 구체적인 원고 한 장 써놓고 있는 것도 아니다.

그런데 왜 나는 이러한 집념(執念) 비슷한 것을 갖게 되었을까?

거기에는 착잡한 이유가 있다고 할 것 같다. 그중 하나는 나 자신이 역사적 회오리바람에 쓸려 들어갔던 세대의 한 사람이라는 것을 들어야 할 것 같다. 우리는 싫든 좋든 지리적으로도 이웃이니만큼 우리가 일본을 모르는 채 지낼 수가 없기 때문이다.

우리는 과거에 한번 일본에 호되게 당한 쓰라림을 가지고 있다. 임진왜란을 생각한다면 우리의 고뇌는 결코 작은 것이 아님을 알게 된다. 그 옛날과 같은 쓰라림의 되풀이가 있어서는 안 된다. 그러기 위해서도 우리는 일본에 대한 바른 지식, 바른 이해가 있어야 할 것이다. 바르게 알아야 한다. 그래야만 우리는 그들로부터 또다시 당하지 않을 수 있다. 그리고 더 나아가 우리 자신, 우리나라 자체가 힘 있는 나라, 번영하는 나라가 되어 다시는 수모를 받는 일이 없도록 해야 한다.

이러한 조국에 대한 간절한 바람이 있기에, 나는 일본에 관한 책 한 권을 꼭 써서 남겨야겠다는 강렬한 충동에 사로잡히게 되는 것이다.

* 오덴키모노(お天氣もの): 날씨와 같은 것 = 잘 변한다는 뜻
  일본 날씨는 고양이 눈같이 변화가 심하다. 그래서 마음이 잘 바뀌는 사람을 가리켜 이를테면 "저 사람은 오덴키모노"라고 하기도 한다. 일본에서 사는 사람들은 날씨가 변하는 것에 민감하다.
* 가자미(風見): 풍향계, 바람개비
  바람 부는 방향에 대하여 늘 정확히 파악하려고 한다. 풍향에 대하여 항상 신경을 쓴다. 눈치 빠르고 잽싸게 움직이기 위해서…

125. '돌잡이'의 의미

▶ '입지(立志)'의 교육철학적 의의 재발견
끊임없이 어린아이들에게 우리 어른들이 묻는 것은, "너는 커서 무엇이 될래?"라는 말이다. 장래 계획을 묻는 것이다. 돌잡이 풍습 역시 그런 뜻이 있는 것은 아닐는지…
이렇듯 어른들로부터 기회 있을 때마다 질문받은 각자의 미래상에 대한 문제, 그것은 마침내 나는 어떠어떠한 사람이 되어야겠다, 어떠어떠한 직업을 택하여야겠다는 구체적인 생각으로 계획되고 현실화하게 되는 것은 아닐까? 돌잡이 풍습을 나는 긍정적인 면에서 이해하고 싶다.

126. 도쿄 생활 1년간

나는 도쿄에서 1년간의 생활을 계획하여 지금 반년이 경과한 시점에서 있다. 내년 6월 30일 귀국하는 비행기 속에서 내가 지난 1년간을 되돌아보는 심경을 미리 짐작해 본다면, 그것은 다음과 같으리라.

첫째, 나는 무사히 계획한 대로 1년간의 도쿄 생활을 마쳤다.
둘째, 이 도쿄 생활 1년간이란 곧 나의 일본 생활 1년간이기도 하다.
셋째, 도쿄 생활 1년간을 통하여 나는 일본인의 생활 리듬을 나름대로 체득하였다고 본다. 적어도 그럴 생각으로 하루하루를 지냈다.
그리고 그것은 단순한 1년간이 아니고 지난 10년간, 아니 수십 년간, 그리고 오랜 역사시대와의 관계에서의 일본 이해의 1년간 생활이었다고…

127. 같은 체험의 반복을 피한다.

▶ 1957~1958년: 1957년 「기초주의」의 명명.
미국 국무성 초청 교환교수 계획에 따라 컬럼비아대학에서 학구
생활, 교육사 교육철학 전공: 정규학과정 이수 (M.A. 학위취득)
- <한기언교육학전집> 제54권 『미국일기』 참조.

▶ 1960~1970년: 기초주의 이론 체계화를 위한 실증적 연구.
하버드·옌칭학사(燕京學社) 연구기금에 의해 일본 히로시마 대
학교 교육학부 객원교수
- 대학원생(석·박사과정)에게 집중강의

▶ 1980~1981년: 기초주의의 이론적 정치화(精緻化) 작업.
국제교류재단 기금 초청으로 일본 국립교육연구소 객원 연구교
수 체류 중 여러 차례의 강연, 연구발표, 특강 등
- 자기 연구과제 중심인 학구생활

128. 전공관(專攻觀)의 편견

일본에 와서 통성명(通姓名)을 하면 반드시 똑같은 질문을 듣게 된다.
- 어느 대학에 계십니까? 전공은 무엇입니까?
나는 가슴을 펴고 자랑스럽게 "교육학입니다. 그중에서 특히 교육사
교육철학을 하고 있습니다."라고 대답한다. 그럴 때 대개 교육학 전공
자가 아닌 경우, 맥빠진 표정을 짓는다.
별 볼 일 없는 분야라는 뜻일까? 나는 교육학을 가장 사랑하고 중요
하다고 보고, 장차 더욱 중요한 분야가 되리라고 믿고 사는 사람인데…
그들은 어디선가 '교육학'에 대하여 천시하는 편견(偏見)이 심어진 사람
들은 아닐는지.

129. 의리 사상과 상인 근성

한국인의 의리정신에는 일관성이 있다. 역사의식과 선비정신!

이것은 오랜 세월을 통하여 연마되어 온 정신문화이다. 변덕과 안일함, 공적 의리보다 사적 이익을 앞세우는 것을 더럽게 여기고 멀리한다. 장사치 근성을 무엇보다도 멸시한다. 그렇기에 상인 근성을 앞세우는 나라를 싫어하는 것이 아닐까…

130. 시야(視野)의 범위

독일의 헤르바르트가 교육학을 논함에 있어 "학적 관심은 그들 각자가 지니는 시야의 범위와 상관성이 있다."라고 *Allgemeine Pädagogik*(일반교육학) 첫머리에 말한 것이 지금도 가끔 나의 머리에 떠오른다.

교육철학의 효용은 시야의 범위가 넓고, 가치 있는 것을 볼 때 매우 높은 것부터 열거하게 된다. 우리는 한 인간으로서 숙성되어야 하겠다. 이로써 그의 학문적 식견(識見), 시야도 넓고 높아지게 된다. 인간적으로 원숙해 간다는 것, 학문적 심화도 시야의 범위와 상관된다.

131. 일본 젊은이들의 유행어

- 하나시가 피망(話がピーマン): 말의 내용이 비어있다는 것
- 하나시가 토마토(話がトマト): 새빨간 거짓말
- 사다하루(サダ張る: 王貞治)[13]: 나이가 들고서도 노력하는 것에 대

---

13) [편집자주] 王貞治(Oh, Sadaharu: 1940~) 1959년 요미우리(読売) 교진(巨人) 구단에 입단하여 1980년 40세에 은퇴. 통산 2786안타, 868홈런, 2170타점, 평균 타율 0.301. 등 번호 1번은 교진 구단에서 영구결번. 일본 프로 야구 명구회(名球會) 공식 홈페이지 https://meikyu-kai.org/member/batter/sadaharu_oh.html

하여 형용하는 말
- 부스(ブス): 못생겼다
- 나미노 시타(波の下) = 나라비노 시타(並の下) - 평균 이하
* 일어와 영어를 하나의 단어 속에 혼용하기도 함.

132. 겐텐[원점(原點)]

일본에 와서 자주 듣게 되는 어휘 가운데의 하나가 '겐뗀'이라는 말
이다. "이러이러한 것이 그에 있어서 '겐뗀' 되었다." 하는 식으로.
본래의 원점으로 되돌아갔다는…

133. 고양이에 대한 이견(異見)

우리나라 사람들은 고양이를 그리 좋아하는 편은 아닌 것 같다. 이
에 반하여 일본 사람들은 고양이를 굉장히 애완(愛玩)하는 것 같다. 이
차이는 어디서부터 오는 것일까?
우리나라 사람들은 개는 의리가 있으나, 고양이는 배신한다 혹은 끝이
좋지 않다고 생각하는 까닭에 그리 좋아하지 않는 것 같다.

134. 마사쓰[마찰(摩擦)]

일본에 와서 새삼 새로운 말로 (물론 옛날부터 있는 단어지만…),
즉 문화사적 맥락에서 새로운 말로 자주 쓰이게 된 단어가 '마사쓰'
즉 마찰인 것 같다. 이것은 적어도 10년 전인 1970년 무렵 히로시마
에서 지낼 때에는 별로 듣지 못했던 것 같다. 뭔가 말썽을 일으키고

있는 현상을 가리켜 쓰고 있다.

　* 예: 문화마찰, 자동차 수출 마찰 등.

135. 오싱코[어신향(御新香)]

　일본음식 즉 화식(和食)을 대하였을 때의 첫인상인데 그릇들이 작고, 음식의 양도 적다.

　단번에 고국에서 아침밥상을 대하였을 때 생각이 난다. 그중에서도 가장 놀란 일은, '오싱꼬'라고 하여 우리로 치면 김치에 해당하겠으나 이것은 한 술에 다 들 수 있을 정도의 소량이다. 그것도 그저 소금으로 절인 것이니 맛 또한 없다. 그러한 것도 만약에 식당에서 식사할 때 더 먹고 싶으면 큰 금액은 아니지만, 돈을 따로 내야 갖다 준다. 여기서 큰 충격을 받게 마련이다.

136.「한국교육사연구회」로부터의 연하장

謹賀新禧(근하신희)
辛酉元旦(신유원단)

　　　　　　　　　　　　　　　　　　　　　　한국교육사연구회

　서명: 정순목, 이원호, 이문원, 최한수, 성기산, 남궁용권, 김인회,
　　　　한관일, 김량현 (카드에 적혀있는 순서대로)

137. 아내로부터의 편지

"기쁜 성탄과 희망의 새해에 복(福) 많이 받으시기 바랍니다."

보내주신 카드 모두 다 잘 받았습니다. 아마 정신적·육신적 여유가 많으신 것으로 느껴집니다. 아니면 식구들이 보고 싶고 생각이 나서인지요. 아무튼, 고맙습니다. 이곳은 다들 잘 있으니 안심(安心)하십시오. 학교도 거의 끝나가고 있고요, 인제 저도 좀 한가해졌습니다. 식모가 없어서 아직 좀 힘은 들지만, 경이 연탄 넣어주어 좀 편합니다. 안방 하나만 사용하고 있고, 서쪽 방은 쓰지 않고 있지요. 윗집에는 진이네가 사는데 식사 때나 겨우 내려오니 얼굴 보기 힘들고요. 그나마도 불편하다기에 APT 계약했지요. 나가 살기 원하고 나도 그렇게 하는 것이 도리어 속 편하겠기에 돈은 내가 내고 주선은 처가에서 장모가 하고요. 다 그런 것 아니겠어요. 아들 길러서 남 주는 것이지요. 딸도 남 주고요. 지금 정이나 경은 컴퓨터 학원에 나가고 있지요.

APT로 나가면 내가 생활비 주어야 하고 (20만 원 정도) 또 500만 원 전셋값 이자 조로 15만 원 정도 다달이 물어 주어야 하지요. 1년간은 대달라니까 그리 해야지요. 윗집이 불편해서 못 살겠다는 것이고요, 내게 도움 되는 것이 하나도 없어요. 동생들 보기에도 안 좋으니 차라리 나가서 자기네들끼리 사는 것이 자리가 빨리 잡힐지도 몰라요. 경도 빨리 결혼하고 싶다고 야단이고요. 그러나 아버지가 귀국하시기 전에는 안된다고 했지요. 그래서 내년 가을에는 해주어야 할 것 같고요. 모두가 하나씩 떼 내어놓는 것이 편할 것 같아요. 경도 학원 다닌다 하고 매일 나갔다가는 늦게 들어오고 신경이 많이 쓰여요. 돈도 많이 들고요. 정이나 경이 모두 착하고 나쁜 애들은 아니지만, 같이 있으니 그 애들도 신경 쓰는 것 같고요. 어떻게 하는 것이 과연 현명한 일인지 모르겠어요. 몇 사람에게 물어보고 의논도 했지만, 무엇 때문에 데리고 있느냐고 내보내는 것이 낫다고들 해요. 남도 다 그래서 내보내는 것인가 봐요. 아이 하나둘 되었을 때 다시 합쳐도 된대요. 벌이를 못 하니

내보낼 수도 없고 매월(每月) 30만 원 이상을 찍어 주자니 그것도 좀 생각해야겠고 골치 아파요.

경은 합격발표일이 좀 당겨져서 1월 초순에 있을 것 같고요. 자신은 없다니까 모르겠어요. 석도 문제고요. 그러나 지금부터 걱정할 것은 없고 두고 봐야지요.

용은 15일 휴가 마치고 22일 귀대했고요. 건강한 모습이었어요. 매일 바쁘게 지내다가 갔어요. 교회도 잘 나가고요. 제일 믿음직스러운 것 같아요. 명네도 다 잘 있어요. 지연이 백일(百日)이 지났고요. 보고 싶지만 자주 가지도 못합니다. 워낙 멀고 또 일하는 사람도 없으니 심신이 공연히 고달프군요. 목욕탕은 얼고 위에서 물 떨어지고 을씨년스럽고요. 그럼 건강 조심하시고 안녕히 계세요.

(1980. 12. 26. 소인)

138. 현광철 박사의 연하장

경애하는 기언 형

걷잡을 수 없는 감회 속에 한 해가 저물어가고 있습니다.

26일에는 이곳 군자학파(君子學派) 친구들이 부부동반으로 조촐한 망년회를 갖기로 했습니다. 건강하시고 행복하시기를 기원합니다.

1981년 元旦(원단)

玄光喆(현광철) 拜上(배상)

139. 집에서 온 연하장

震(진)이 아버님께!

모두 다 모여 있어 재미있게 지냈습니다. 용이 22일 귀대, 23일 명네

다녀올 예정입니다. 지연이도 잘 자라고 있고요.

  그럼 안녕히 계십시오.

蕙卿(혜경) 올림

  * 아버님께

        장남 정진, 형옥(亨玉)

        이남 경진 올림

        삼남 용진 올림

        사남 석진 올림

140. 전영배 박사의 연하장

  한 박사님

  객지에서 지내시기에 얼마나 불편하십니까. 진즉 소식을 드린다는 것이 이렇게 늦어져서 죄송합니다. 저는 시작된 대학 생활에서 보람을 느끼고 있습니다. 며칠 전에 한양대에 들러 사모님께서 오시지 않는 것을 조교를 통해 알게 되어 댁으로 전화 드렸더니 교통사고로 고생하신 것을 알게 되어, 집사람과 함께 댁으로 방문하였습니다. 그만하신 게 천만다행이셨습니다. 안심하셔도 좋으실 것 같습니다.

  교수 생활 초년생이 되어 옆에서 배울 바가 한두 가지 아닌데 멀리 계셔서 안타깝습니다. 그러나 새해에는 건강하셔서, 또 많은 것을 가지고 오실 선생님을 기다리고 있습니다. 후학을 위해서 더욱 많은 것을 가지고 오시기 바랍니다. 저의 배재전문대는 4년제로 승격되고 10개 학과로 인가 났습니다. 희망적입니다. 금년을 보내며 난필(亂筆)로써 이만 안부를 올립니다.

1980. 12. 19.

田英培(전영배) 드림

141. 은사 김계숙 교수님의 카드

희망의 새해를 맞이하여
온 집안이 만복을 누리시기 빕니다. (인쇄문)

김계숙

12월 중순에 미국에서 오던 길에 동경에 들리려고 하였으나 사정으로 韓
先生님도 못 만난 것이 유감입니다.

142. 고뇌찬가(苦惱讚歌)

나를 비롯하여 세상 사람 누구나가 고통보다는 쾌락의 향유를 추구
한다. 이것은 인지상정(人之常情)이리라. 그러나 이 세상 어느 곳을 가
거나 고통스러운 것이 하나도 없는 이상향이란 없다. 그것을 당연한 일
로 깨닫게 되기까지에 일생이 걸리니 참 어처구니없는 일이다.

물론 때에 따라서는 일찍 이 사실을 깨닫게 되고 어떤 사람은 생애
를 마칠 때까지 깨닫지 못하고 불평 속에 생의 막을 내리기도 한다. 필
경 고뇌가 없을 수 없는 것이라면 고뇌의 음미로써 삶의 차원승화(次元
昇華)가 이루어져야 하리라고 본다.

(1980. 12. 31.)

143. 교육철학의 효용

통계적·측정적·실험적 방법에 따르는 미시적 접근법이 지니는 교
육과학적 의미를 모르는 바 아니나, 그것은 말하자면 어디까지나 교육
학 연구의 일부이다. 이것을 지나치게 확대 원용하여 교육학 연구의 유

일한 근거로 삼으려 할 때 무리가 생긴다고 하리라.

따라서 앞으로의 교육학은 위와 같은 접근법을 사용함은 물론이거니와 그것과 아울러 더욱 높은 차원에서, 학제적 연구성과까지도 통합하는 교육철학적 시점이 더욱더 큰 의미를 가지며 크게 요망된다고 하리라. 그 까닭은 이러한 길이야말로 인간 형성에의 정당한 전망을 부여하기 때문이다.

144. 후시메[절목(節目)]

새 기분으로 일본 사람들은 계절의 변천과 더불어 그때마다 의식행사(儀式行事: 때로는 '마쓰리祭')를 통하여 기분을 일신시키고 다시 일터에 나간다. 이는 일을 '의식적(意識的)'으로, 그리고 '의식적(儀式的)'으로 하는 것 같다. 여기에 일본인 이해의 또 하나의 길이 있는 것 같다.

145. 주신구라[충신장(忠臣藏)]와 미야모토 무사시(宮本武蔵)[14]

우리나라에 「춘향전(春香傳)」의 경우가 그렇듯이 일본에서는 흥행물로 틀림없이 언제나 초만원을 이루어 성공하는 것이 「주신구라(忠臣藏)」이다. 그리고 또 요시카와 에이지(吉川英治)의 소설화로 유명해진 「미야모토 무사시(宮本武蔵)」에 대한 일본인의 관심 또한 적지 않다.

그렇다면 일본인이 이 두 작품에 대하여, 또는 두 테마에 대하여 변함없이 시금껏 크게 매혹되는 까닭은 무엇일까? 이것을 구명하는 것은

---

14) [편집자주] 미야모토 무사시(宮本武蔵)의 해설: ① 1584경~1645. 에도 시대의 검술가. 이름은 겐신(玄信), 호는 니텐(二天). 검(劍)의 수행을 위하여 여러 나라를 돌아다니며, 이도류(二刀流)를 고안해 냄. ② 요시카와 에이지(吉川英治)의 시대소설. 무사 수행에 나선 미야모토 무사시의 성장을 그리고 있다. 1935~39년에 아사히신문(朝日新聞)에 연재되었고, 1954년에 이나가키 히로시(稻垣浩) 감독에 의해 영화화됨. 『小学館 大辞泉』 https://dictionary.goo.ne.jp/word/person/宮本武蔵/#jn-213767

어쩌면 일본인의 심층심리 이해의 길이 될 것 같다.
 * 주신구라는 주군(主君)의 원수를 갚으려고 의리로써 복수하는 내용
   으로 대외적(對外的) 관점.
 * 미야모토 무사시는 에도(江戶) 초기의 검술가로 부단한 자기 심화를
   위해 노력하는 자세로 대내적(對內的) 관점.

146. 문화사적 해명과 새로운 교육철학의 전개

Ⅰ. 농업화(農業化) 시대: 농업혁명 - 동양 우세(優勢) 시대
 * 동양 교육사상의 개화(開花) - 무의도적 교육(예: 성년식) => 학교
   의 출현과 관리양성

Ⅱ. 산업화(産業化) 시대: 산업혁명 - 서구 지배(支配) 시대
 * 서양 교육사상의 전파(傳播) - 학교 교육의 보편화, 대량생산에 의
   한 서력동점(西力東漸)

Ⅲ. 정보화(情報化) 시대: 정보혁명 - 동서 상호의존(相互依存) 시대
 * 역사적 자아실현과 평생 공부, 초(超) 산업사회 - 동서 교육사상의
   갈등과 초극

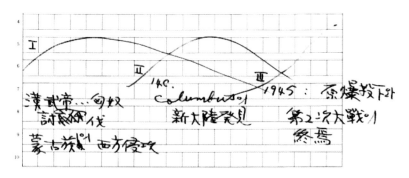

[그림 17] 문화사적 흥망성쇠와 동서 세력

I. 한 무제 … 흉노 토벌, 몽골족의 서방 침공 - 동양 우세 시대

II. 14C. 콜럼버스의 신대륙 발견 - 서구 지배 시대

III. 1945년 원폭 투하와 제2차 대전 이후 - 동서 상호의존 시대

147. 교육사상사: 생활양식의 변천과 교육사상의 전개과정

인류 발생의 기원은 오래이지만, 우선 먹고사는 데 급하여 '교육'에 대하여 본격적으로 착수하게 된 역사는 불과 수천 년 밖에 안된다는 사실에 대하여 우리는 주목해야 할 것이다. 그런 의미에서 현대는 '교육의 세기'가 개막되는 시기라 하겠다. 이때 필요한 교육 내용은

1) 사람다운 사람이 되는 일

2) 사람다운 삶을 이룩하는 일

▶ 인간은 시간(時間)을 의식하는 유일한 동물이다 / 인간과 역사 / 인간과 교육 / 그러면 교육사상은 어떻게 전개되어 왔는가?

Ⅰ. 동양 교육사상의 개화(開花): 대가족주의와 농업화 시대

- '자연적' 리듬, 즉 순환적 시간관: 자연적 시간은 미래 → 현재 → 과거

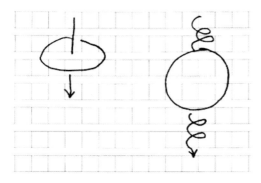

[그림 18] 시간관과 교육사상의 전개

Ⅱ. 서양 교육사상의 전파(傳播): 핵가족중심과 산업화시대
  - '인위적' 리듬, 즉 직선적(直線的) 기계적 시간관: 인위적 시간은
    <u>과거 → 현재 → 미래</u>
    => 유대교와 기독교적 시간관은 '최후의 심판'을 상정하고 있음.

Ⅲ. 동서 교육사상의 초극(超克): 직위 일치와 정보화 시대
  - '개체적' 리듬, 즉 원환적(圓環的) 전방위적(全方位的).
  - 역사적 현실은 정지위성과 같이 <u>과거 → 현재 ← 미래</u>
    => 인류의 구원적(久遠的) 소망의 자기구현(自己具顯)

148. 교육사상사 (전 3권)

Ⅰ. 동양 교육사상의 개화(開花): 농업혁명과 교육
 * 선진(先秦)시대의 교육사상: 공자의 유교, 불타의 불교, 노자의 도
   교, … 동학(東學)
   => 관용(寬容)의 논리(세계) + 힘의 논리: 정치, 군사적 힘

Ⅱ. 서양 교육사상의 전파(傳播): 산업혁명과 교육
   문예 부흥시대 교육사상의 원천, 종교개혁시대의 교육사상, 실학
   주의, 자연주의, 민족주의, 민주주의
   => 합리(合理)의 논리(세계) + 돈의 논리(경제)

Ⅲ. 동서 교육사상의 초극(超克): 정보혁명과 교육
   제2차 대전의 종언과 동서문화의 상호이해, 동서 비교교육사상,
   현대 교육철학의 계보(系譜)
   => 조화의 논리(세계) + 멋의 논리(교육), 즉 「기초주의」

149. 8·15의 교육철학적 비교

▶ 나의 사상적 원점은 1945년 8월 15일이다.
'인간의 본성(本性)'이라는 기준(基準)의 발견(인식)
* 1945년 8월 15일의 의미: 한국인과 일본인은 같은 8·15를 어떻게
  받아들였는가? 역사의식의 문제
- 한국인: 민족적 정력의 폭발적 분출로 정지되었던 한국사의 대출발
- 일본인: 1억 총참회로 가치관의 대전도(大顚倒)
  => 역사적 맥락과 교육적 가치관의 차이

150. 교육적 가치체계와 역사적 상황성

▶ 특정인의 생애가 반드시 인류가 겪어 온 온갖 역사적 상황성에
  정통(精通)하고 있는 것은 아니라는 '한계'가 있다. 여기에 '역사'
  라는 과목의 교양이 요청된다.
  교육에서는 이것을 어떻게 다루어야 할 것인가? 기초주의는 역사
  적 상황성에 대한 예지를 촉구하고 있다.

151. 왜(倭)에 대한 바른 인식

▶ 왜(倭)라는 것은, '작다는 것'을 연상시킨다.
  작은 것은 보잘것없는 것일까? 그런 면도 있을 것이다. 그러나 작
  은 것이 쌓여서 큰 것, 즉 대(大)를 이룬다는 또 다른 적극적 면에
  대하여 우리는 경각심이 필요하다고 본다.
  더욱이 공학에서의 I.C.의 존재 역시 우리가 미세(微細), 미소(微小)
  한 것을 우습게 보아 넘겨서는 안 된다는 것을 새삼 생각게 한다.

152. 나이 먹는 일

▶ 사람은 언젠가는 이 세상을 떠나야 한다.

죽는 것은 누구나 슬프다. 때로는 강제로 삶을 박탈당했다는 억울함을 느낄 것이다. 그러나 반대로 생각할 수 있을 것이다. 하루를 더 살게 될 때, 오늘도 하루 더 살 수 있다는 고마움, 행복감. 이럴 때 나이를 먹는 일이 슬픈 일이 아니라 즐거운 일이 될 것이다. 또한, 감사할 일이 될 것이다.

* '시간관과 교육'을 생각하면서.

153. 80년대의 일본·일본문화

▶ 1960년대: 세계적인 국제회의 초치(招致)에 자발적(의도적) 열의를 보였다. 1964년 도쿄 올림픽 개최만 하여도 영광으로 생각하였다. 각종 국제회의 개최 역시 마찬가지.

▶ 1970년대: 일본이 쫓아가야 할(따라가야 할) 선진국(모범)은 이제는 없다고 말하게 되었다.

▶ 1980년대: 일본제품·일본문화가 점차 구미선진국에서 호평을 받게 되고 그 옛날 신세졌던 선진국들에 차차 문화적 빚을 조금씩 갚고 있다고 솔직히 말하게 되었다.

▶ 일본 신문 특파원들의 보고:

* 독일: 일본제 메스를 독일 병원에서 쓰게 되었고, 위(胃)내시경, 위 카메라 발달(일본), 위암 분류법도 일본이 독일을 앞지르고 있다.

* 프랑스: 일본학 연구열 왕성, 일본이 100여 년 걸려 서양을 배웠는데, 프랑스의 일본학 연구의 역사는 이제 겨우 초기 단계라고 보도되고 있다.

154. 교육정신사

▶ 사는 길: 경제적으로 윤택해지고 문화적으로 탁월성 드러내기

* 한국: 의리(義理)에 따른 원리통합문화

- 단일성(單一性): 지나치게 순종문화(純種文化), 정통성에 대한 주장
  이 강하여, 변혁기에는 대응력이 약해질런지도 모른다.

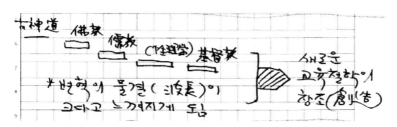

[그림 19] 한국의 교육정신사적 흐름: 단일성

* 일본(日本): 시메나와형(注連繩型) 문화, 가사네기(重ね着) 문화

- 다중성(多重性): 나쁘게 말하면 잡종문화(雜種文化)이겠으나, 그들은
  이 모두가 일본문화라는 생각을 하고 있으니, 멜팅팟(Melting Pot)의
  미국문화와도 상통하는 면이 있다고 하겠다.

- 불교 중심의 일본문화

- 기독교 중심의 미국문화

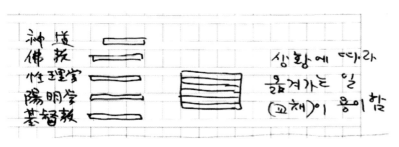

[그림 20] 일본의 교육정신사적 흐름: 다중성

155. 인간 형성의 논리

"종래의 철학적 과제는 너무도 교육철학을 등한시해 왔다."

▶ 철학적 대상의 변천
- 자연(自然): 자연철학, 과학철학
- 신(神): 종교철학
- 존재(存在: 물질과 정신): 형이상학, 인식론
- 가치(價値): 가치론
- 인간(人間): 철학적 인간학
* 인간 형성의 논리로서의 교육철학: 신학자 => 철학자 => 교육학자
교육철학의 특성(=본령)은 '분석의 통합'에 있다고 본다. 이 말에 어
폐가 있다고 한다면 다른 학문영역의 학자에 비해, 더욱더 본질적으로
통합에 역점을 두는 것이 특성이라고 하리라.

이런 특성을 지닌 까닭에 오직 전체보다도 '부분', 통합보다도 '분석'
에만 몰두하는 다른 분야의 학자들과 만날 때 교육학자는 심한 위화감
과 당혹감을 느끼게 된다. 그러나 이것이야말로 교육철학이 지니는 특
성에서 오는 것이니 결코 낙심하거나 자기 비하감에 사로잡히는 일이
있어서는 안 될 것이다.

156. 연단(鍊鍛)된 민족

고난은 누구나 피하려고 하는 것. 그러나 피할 수도 없고, 이미 지금
까지도 수없이 되풀이하여 크고 작은 역사적 시련(試鍊)의 물결이 닥쳐
왔고, 우리 한민족은 그것을 극복하여 오늘에까지 이르고 있다.

이것은 좋게 말하면, 우리 민족이 세계 현대 사회에 있어서 매우 능
력 있는 우수 민족이라는 실증이기도 한 것이라고 하리라. 고난을 고난

으로 그치지 않고, 자기 민족 연단(鍊鍛)의 계기로 삼는 지혜야말로 소중한 것이라고 하리라.

(1981. 1. 12.)

157. 현대 일본 교육철학

현대 일본 교육철학을 연구하러 왔다고 말하면, 일본의 교육학자들은 한결같이, "현대 일본 교육철학으로 뭐가 있을까요?"라고 되묻는다. 이것은 교육철학 전공학자도 똑같은 답이요, 반문(反問)이기도 하다.

어떻게 보면 뚜렷하게 '이것'이라고 내세울만한 것이 없는 가운데, 중층적이고 다양한 외국 교육철학이 난립, 병진, 병존하는 것이 정작 일본의 교육철학은 없지만 수입된 교육철학은 있는 것이 아닌가? 주도적 현대 일본 교육철학이 없으면서도 오늘날 일본의 번영이 가능해진 것이 사실이라면 우리는 이것을 어떻게 해명, 해석해야 할 것인가?

158. 국력과 유학생 지수(指數)

배울만한 그 무엇이 있기에 특정 국가의 대학에 외국 학생들이 갖은 어려움을 무릅쓰고 모이게 된다고 하리라. 그리고 그 유학생들은 대개 여러 해가 지나면 각기 본국에 돌아가 지도자로 활약하게 될 것이니, 선진국이 유학생을 환영하는 까닭이 여기에 있다고 하리라. 단순한 국제이해나 국제친선 정도가 아니라, 자국의 번영을 위하여 이들 유학생이 이루 말하기 어려울 정도로 큰 힘이 되니, 이 이상 확실한 국가적인 투자도 드물다 할 것이리라.

159. 연구실 생각의 변화

▶ 1957~1958년: 미국, 스미드먼트 기금(미국 국무성초청 교환교
수) - 컬럼비아 대학교 시절
=> 나도 하루빨리 귀국하여 나의 연구실을 충실하게 만들어야겠다.

▶ 1969~1970년: 일본, 하버드·옌칭학사(燕京學社) 기금 - 히로시
마대학(교육학부 객원교수) 시절
=> 연구실 운영의 요령을 잘 알 만하다.

▶ 1980~1981년: 일본, 국제교류기금 - 국립교육연구소(객원 연구
교수) 시절
=> 서울대학교 사범대학의 나의 연구실, 그리고 나의 서재(書齋) 생
각이 간절함.
이제 생산적 학문연구는 고국의 대학 연구실과 나의 서재에서.

160. 일본교육의 특성

'전통과 개혁의 조화'의 기준
▶ 전통(傳統)
* 인간 형성: 히도즈쿠리(人づくり)
* 교육적 환경: 7·5·3, 성인의 날, 하쓰모데(初詣: 신년 들어 처음
으로 절과 신사에 참배하러 가는 것), 칠석(七夕), 마을 축제 …
* 수백 년의 역사를 지니는 점포. 예) 마쓰자카야(松坂屋) 창업 370년
(1981년 현재)

▶ 개혁(改革)
* 외래사상, 박래품(舶來品) 숭상
* 새것을 좋아함: 아타라시가리야(新しがりや), '하쓰모노(初物)'에의

집중. 무엇이고 '새것'을 좋아한다.
* 일본인의 에너지: 폭발적으로 열중하는 기질로 극성 맞은 일본인의 성격은 좋기도 하고, 나쁘기도 함. 니쥬바시(二重橋) 추락사건, 인기 스타에의 열중 현상.
* 해결책으로 '기초' 중시 요망됨: 프로판 가스 폭발 빈번함. 또한 나리타(成田)에서 도쿄로 들어오는 고가 도로에서 트럭 전복사고를 보고 짐을 싣는 '기초'를 무시하고 있음을 확인. 상대적인 것이지만 일본 역시 엄격한 의미에서는 도처에 '기초'의 허약성을 보여주고 있음.

161. 시메나와형[주연승형(注連繩型)] 문화

▶ 시메나와[15]: 하나하나, 한 줄기씩은 작고 연약하나, 합쳐져서 굵어지고 강인해지는 특질.
* 다중복합문화성(多重複合文化性), 적소성대(積小成大)의 문화,
  사례: - 조니(雑煮: rice cakes boiled with vegetables, 일본식 떡국)
* 현대일본어: [문자] 한자(漢字) + 가타카나(片假名) + 히라가나(平假名).
  [언어] 영어, 독어, 프랑스어 등을 외래어로 혼용(混用)
1) 전통성(傳統性): 축제일과 '시메나와' 정결(淨潔) 조상신에 대한.
   엔기카쓰기(縁起担ぎ): 인연을 쳐든다. (사소한 일에도)재수를 따지다.
2) 개혁(改革): '시메나와'만 해도 해마다 항상 새로 만든다.

---

15) [편집자주] しめなわ[標繩・注連繩・七五三繩] 1. 신전(神前) 또는 신사(神事)의 장소에 부정한 것의 침입을 금하는 표시로써 치는 새끼줄, 2. 일반적으로 새해에 집의 입구나 집 안에 신위(神位)를 모셔 두고 제사 지내는 선반에 친다. 3. 금줄, 4. 인줄, 5. 짚으로 왼새끼를 꼬는 것을 원칙으로 하고, 세 가닥, 다섯 가닥, 일곱 가닥으로 차츰 짚의 줄기를 꼰 다음 풀어서 매달고, 그 사이사이에 紙垂(かみしで, 인줄이나 玉串たまぐし 등에 다는 종이)를 드리운다. 『다음 사전』

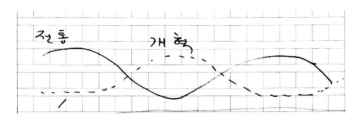

[그림 21] 전통과 개혁의 율동적 자기 전개

* 새것을 좋아하는 기풍: 햇것 즉 하쓰모노(初物)
- 이질 문화의 복합
- 전통 주류 (속에 '개혁' 포함) 동시에 개혁 주류 (속에 '전통' 포함)
* 항상 새로 만든다.
  일본문화는 잡다한 외래문화의 수용으로 구성되어 있다. 지금도
  계속 부지런히 외래문화를 (수입하고) 수집, 보존, 정리하고 있다.
  이 모든 것이 합쳐진 것이 일본문화이다.
* 문화적 삼각파도(三角波濤) 현상

162. 가부키 관객의 지역성(地域性)

▶ 전통(傳統): 전통은 모험으로 생기를 얻게 되고 계속해 갈 수 있게 됨.
1) 도쿄(東京): '권위'에 대하여 의식함. 감각적으로 차갑다(cool).
   주위를 너무 의식하며 움직이려고 한다.
2) 관서지방(関西地方): 개인주의적.
   자기가 좋다고 보면 남이야 어떻든 그냥 좋다 혹은 나쁘다는 반
   응이 즉각적으로 나온다.
3) 나고야(名古屋): 음흉(?), 대체로 반응이 나타나지 않음.
4) 뉴욕(New York): 가장 열정적인 반응. 좋지 않을 때는 냉정.

163. 식칼 쓰는 3원칙

1) 다베요쿠(食べよく): 먹기 좋게
2) 아지요쿠(味よく): 맛나게
3) 스카타요쿠(姿よく): 보기 좋게

164. 두 가지 영양분 섭취

나는 나의 몸을 형성하고 정력의 근원이 되는 영양 섭취에 돈을 아끼지 않는다. 특히 일본 체재 중인 요즘은 더욱 그렇다. 실은 전에도 이 원칙은 특히 외국에 있을 때 유념 실천해 왔다.

나에게 있어 영양분은 두 가지가 있다. 하나는 일반적인 음식물이요, 또 하나는 내가 읽고 싶은 좋은 책을 사서 마음껏 읽는 일이다. 정신적 영양분 섭취이다. 이 두 가지 영양분 섭취로 해서 나의 현재 몸 상태[체조(體調)]는 지극히 쾌적한 상태이다.

(1981. 1. 17. 저녁)

165. 생활 · 역사 · 학문

학문이라는 것도 결국은 역사(歷史)의 맥락이다. 진리탐구를 희구한다는 의미에서는 숨 막히는 긴박감이 강조되고, 격동성을 지닌 역사적 상황성에서 조금이라도 멀리하고 싶다는 것은 인지상정(人之常情)이다.

그런데 이상하게도 움직이는 속박투성이로 여겨졌던 구체적인 자기 생활, 여의치 않은 역사적 현실이야말로 진정 생명력을 지닌 학문, 학문의 생산성의 원천이 아니겠는가? 문자 그대로 진공중(眞空中)이란 만약에 그것이 현실이라면 학문 또한 질식하고 마는 것이 아닐까.

그렇게 여겨진다.

(1981. 1. 18. 낮)

166. 감사(感謝)

내가 좋아하는 말. 늘 마음에 지니고 싶은 말.

내가 몸이 허약하고 일찍이 어머니가 돌아가셨음에도 불구하고 지금 껏 살 수 있었던 사실 하나만 보아도 "정말 감사합니다."라고 말하는 것 이외에 또 무슨 말이 필요하겠는가?

정말 '감사'라는 낱말은 좋은, 그리고 귀한 말이다.

167. 일본 이해의 길

▶ 일본인의 일상용어를 알아야 할 것이다. 특히 그 말의 '맛'을 알아 야 한다. 그런데 사용되는 일상용어의 적지 않은 것이 실은 일본 씨름(스모: 相撲) 기술과 관련된 것임을 새삼 알게 된다.

* 아타마오 사게테(頭を下げて): 머리를 숙이고
* 쑷바루(突っ張る): 밀어젖히기, 팔을 뻗어 손바닥으로 상대방을 밀 쳐내기.
* 데모아시모 데나이(手も足も出ない): 손도 발도 꼼짝 못 한다.
* 고시오 사게테(腰を下げて): 허리를 굽혀서
* 고시가 다카이(腰が高い): 허리가 높다는 것은 지게 되는 자세로, 거만하게 군다는 것을 표현하는 말로도 쓰임.
* 무네오 가리루(胸を借りる): 남의 신세를 지는 뜻으로도 쓰이는데, 그 기원은 역시 스모와 관련됨.
- 참고: 가타오 가스(肩を貸す): 돕다, 원조하다.
* 모치지칸(持ち時間): 주어진 시간
* 데아시가 하야이(出足が早い): 순발력이 좋은 것을 의미하는데, 우 선 스모 시합에서는 누가 재빨리 앞으로 나서느냐가 승기(勝機)를 결정짓기에 이 표현을 쓰게 된다.

168. 고국 음식의 풍미(風味)

나의 생일에 맞추어 아내가 한국에서 새로 나온 나의 책 『현대인과 기초주의』(10권)와 함께, 구운 김과 고추장(고기를 다져서 만든), 그리고 호두를 항공 소포로 보내 왔다. 저녁 식사 때는 이 모두를 앞에 놓고, 참으로 보내온 정성을 고맙게 여기면서 식사를 하였다.

이 세상에 아내가 있고 자녀들이 있기에 사는 보람과 맛이 있는 것임을 새삼 통절히 느꼈다. 만약에 아내가 없고, 자식들이 없는 기막힌 일에 부딪힌다면 그 슬픔은 삶 자체를 부정케 만들 정도일 것이다. 그만큼 나에게 처자가 있다는 이 사실이 나의 삶을 지탱하고 움직이는 힘의 원천이 되어있다. 다시 한번 처자가 있다는 사실에 감사한다.

(1981. 1. 19. 저녁)

169. 이창국 석사의 편지

은사님께

기쁜 성탄과 희망의 새해를 맞이하여 더욱 건강하시기를, 하시는 연구에 좋은 열매 거두시기를 빕니다.

특박을 받아 집에 와보니 선생님께서 보내주신 연하 엽서가 와 있었습니다. 선생님의 은혜가 날로 깊을 따름입니다. 저는 지난 12월 9일에 박사과정 시험에 응시했었습니다. 6명 정원에 11명이 응시하였는데 모두 다 전임 강사 이상으로 저보다 선배들이었습니다. 교육사 교육철학 분야에는 저까지 4명이 지원을 하였습니다. 지도교수 추천은 이논희 선생님께서 해주셨습니다.

22일에 부대에서 학교로 전화 문의를 해보니 합격이 되었다고 합니다. 선생님께서 격려해주시고 지도해주신 덕분이라고 생각됩니다. 교육사 교육철학 분야에는 저하고 신차균(동아대 전임 강사), 황인창(전남대 전임 강사), 이학주(청주대 전임 강사) 등 4명이 되었습니다.

저는 우선 등록을 해놓고 군 복무 중이므로 휴학을 하고 제대 후에 복학할 작정입니다. 그동안 부대의 일과 시험준비의 일로 선생님께 문안드리지 못해 죄송합니다.

앞으로의 남은 기간에도 선생님의 건투하심을 빌면서 이만 줄이옵니다.

1980. 12. 25.

이창국 올림.

170. 일본 상표의 내력

* Canon: 간논[관음(觀音)]
* Bridgestone: 성(姓) 이시바시[석교(石橋)]의 영어 표현인 stone bridge를 앞 뒤 바꾼 교석(橋石)의 영어 표현
* Santory: 도리이[조거(鳥居)] 상[[씨(さん: 氏)]을 앞 뒤 바꿔서.

171. 씨름 용어에 나타난 일본인의 의식

▶ 씨름 용어가 형용사로 일상생활에 일반화되어 있기도 함.
* 요쓰니 구무(四つに組む): 정식의 스모 자세(두 사람의 네 팔이 모두 샅바를 잡은 자세) - 실력에 의한 정면 대결이라는 뜻을 가짐.
* 유사부루(揺さぶる): 뒤흔들어 놓는다.
* 이나스(いなす): 슬쩍 비켜버리는 것.
* 오시다시(押し出し): (경기장 밖으로) 밀어내는 것.
* 오시가 기쿠(押しが聞く): 뚝심이 있다.
* 고시가 히쿠(腰がひく): 허리의 위치가 낮다. - 허리가 낮으면 무게 중심이 내려가 있어 상대방을 밀어내는 데 힘을 쓸 수 있어 유리함. 겸손하다는 의미로도 쓰이는데, 대개 이러한 사람이 실제는 무서운 사람이요, 실력 있는 사람임을 안목이 있는 사람은 알기에,

허리를 낮추는 것을 매우 좋게 생각함.

* 아고오 다스(あごを出す): 지친 모습. 아고[악(顎)]는 턱을 말하는데, 지쳐서 발이 움직이지 않아 턱 부분만이 앞으로 나와 있는 상태로, 이런 자세는 상대에게 밀려나기 쉬운 자세이므로 스모에서는 제일 좋지 않게 생각한다.

172. 교육학자의 출신지

▶ 아오모리현(青森県) 출신: 아이즈 와카마쓰(会津若松): 뱌코타이(白虎隊)16) 관계도 있고 해서, 관계(官界)로 진출하는 사람보다 교육에 주력하여 교육학자가 많다.

▶ 나가노현(長野県) 출신: 일본에서 교육열(教育熱)이 제일 높음.

▶ 신슈현(信州県): 이자와 슈지(伊沢修二), 오사다 아라타(長田新) 등 교육학자 다수 배출, 또한 이와나미 출판사 설립자 이와나미 시게오(岩波茂雄: 1881~1946) 등 출판사 경영자 많음.

▶ 사가현(佐賀県): 나베시마번(鍋島蕃) - 메이지 유신 직후 중앙 권력층에서 탈락함. 그 대신 교육학자가 많음. 무라이 미노루(村井実)도 한 예임.

* 도쿄 출신의 무나가타 세이야(宗像誠也: 1908~1970)와 후쿠오카(福岡) 출신의 우메네 사토루(梅根悟: 1903-1980) 등은 전전(戰前)에는 문부성 측이었으나, 전후에는 문부성에 반동적 태도를 보인 학자들이라 함.

---

16) 白虎隊[びゃっこたい] : 막부 말기의 아이즈번(会津藩) 소년 번병대(藩兵隊). 1868년 3월 동정군(東征軍)과 대결을 하며, 번(藩)은 군제개혁을 단행하고, 연령별로 청룡(青龍)・백호(白虎)・주작(朱雀)・현무(玄武)의 사신(四神)의 이름을 붙인 4개 부대를 만들었는데, 8월 23일 보신(戊辰) 전투에서 살아남은 시노다 기사부로(篠田儀三郎) 등은 이이모리야마(飯盛山)에서 자결함. 이곳에는 백호대의 묘지가 있다. 『ブリタニカ国際大百科事典』<小項目事典の解説> https://kotobank.jp/word/白虎隊-121002

173. 교육학 탐구의 궤적(軌跡)

▶ 나의 삶을 통한 『교육학 탐구의 궤적』을 책으로 낸다면…
Ⅰ. 교육학 전공의 동기: 이론과 실천의 종합과학
Ⅱ. 사회과 교육학에의 관심: 듀이 교육학으로부터의 시사(示唆)
Ⅲ. 교육사 교육철학의 전공: 기초주의(基礎主義)의 제창(提唱), 이론
　　체계화
* 구성: 제1부 해설적 자전(自傳), 제2부 관계 논문 및 저서 소개

174. 가능성의 발견 - 백락송사(伯樂頌詞)

위대한 교사의 위대함은 범재(凡才)같이 보이는 어린이들 가운데서
위대한 가능성을 발견하고, 생애를 통하여 그들 자신이 스스로 성장하
고 꽃피도록 하는 길을 터 주는 데 있다고 본다. '만남'이라는 말도 여
기서 나온 말일 것이다. 성공한 인물들이 한결같이 회고하는 얘기 가운
데, "그때 그 선생님이 안 계셨더라면…" 한다. 자기 자신의 가능성을
발견해 준 스승에 대한 감사를 표시하는 말일 것이다. 천하의 뭇 교사
들이여. 인재를 소중히 다루고 그들 각자의 가능성을 발견하고 모든 사
람을 크게 키워주어야 할 것이 아닌가.

175. 일본 전후 부흥과 교육

▶ 한국전쟁에 의한 특수경기가 일본 경제부흥의 결정적인 일대 활
　력소가 되었다는 것은 물론이거니와, 그와 아울러 또 하나 생각
　할 것은, 그러한 호기를 살릴 수 있었던 인적자원에 주목하지 않
　을 수 없다.

* 학습 효과의 전이현상(轉移現象): 예전 군인 출신으로 사업계에 또
  는 학계에 진출 등등.
  - 해군사관학교 출신의 사회적 활약상: 우수한 두뇌
  - 전후의 심각한 생활상: 살기 위하여 온갖 지혜와 정열을 집중, 투영
* 기록 수립에 대한 큰 국민적 관심. 좋게 말하면 '역사의식의 함양'
  과 관련된다고 본다.
  - 일본의 교육적 풍토

176. 교육의 평준화 비판

▶ 중·고교 평준화는 성공하였는가?
- 평준화(平準化)의 참뜻은 무엇인가?
- 과연 평준화라는 것이 가능한 것인가?
- 교육적 의미는 있는 것인가?
- 인간의 본성(本性)에 비추어 보아 평준화는 가능한가?
* 인간 모두가 십인십양(十人十樣), 같은 사람은 한 사람도 없다. 성
  격에 있어서나, 능력에 있어서나… 모두가 같지 않다. 그런데도 제
  도적으로 '평준화'하려고 할 때 자유경쟁보다도 더 나쁜 결과가 나
  오는 것은 아닌지. 더욱이 '대학의 평준화'에 있어서랴.

177. 일본의 교육적 풍토

▶ 축제소동 분위기[오마쓰리 사와기 무도(お祭り騒ぎムード)]
- 인기 있는 것에 지나치게 쏠림
- 인기 있는 것(사람) 만들기
* 에마[회마(絵馬)]: 수험생들이 합격을 기원하기 위하여 신사(神社:

天満宮)에서 파는 '에마(絵馬)'는 말이 그려진 푯말 뒷면에 진학하고자 지원하는 학교 이름을 적어 걸어두는 풍습으로 현대에도 계속되고 있다. 새해에 신사나 절에 쇄도하는 군중 중에도 합격을 기원하는 젊은이들이 여전히 많음은 물론이다.

▶ 자기 학설을 내세우는 것을 꺼리거나 또 그런 사람이 혹 있더라도 애써 무시하려는 혹은 천시하는 풍조가 있는 것 같다. 그래서 그런지 '다테마에(建前)'와 '혼네(本音)'라고 하여, 자기의 진정한 목소리를 들려주려고 하지 않는다.

* 왕성한 수집 벽(癖) 습성: 수집 광(狂: mania)
* 고루(凝る): 열중, 몰두. be absorbed, elaborate, exquisite

178. 아내의 편지를 받아 보고

▶ 아내의 편지(1.29.) (기재 생략).
아내의 명필(名筆), 마음이 시원해지는 필체임. 훌륭함.
나의 아내에 대한 새삼스러운 감사의 말. 무어라 형언할지.
50대 후반의 외국 유학(游學),
너무 아내에게만 온갖 고난을 맡긴 것 같아, 그저 미안한 마음뿐임.
훌륭한 아내가 있다는 것이 감사하고 마음 든든함.
아내여, 건강을 조심하시오.

(1981. 2. 3. 밤)

179. 대학 입시제도의 검토

1) 대학선택의 제일 목적은 무엇인가?
- 자기 인생과의 관계에서 대학선택이 이루어져야 할 것이다.

2) 현행과 같이 예비고사 등의 절차로 지나치게 자기 한계가 만천하
에 드러나게 되고 마는 것이 과연 학생 자신에게 아무런 악영향
도 미치지 않는 것이라고 단언할 수 있을까?
- 그렇지 않을 것이다. 각자가 자기가 진학하고 싶은 꿈의 대학이 있어
서 좋을 것이고, 설사 실패가 있다고 하더라도 지금의 예비고사제도
에 의하여 다른 자기 능력의 평가와는 관계없이 오직 예비고사 방식
의 학력 테스트로만 인간 능력을 판정하고 전국적으로 순위가 공표
되는 것은 아무래도 비교육적인 것으로만 여겨진다. 일본도 우리와
유사한 예비고사제도를 도입하고 있으니 역시 같은 문제라 하겠다.

180. 보람과 사람됨

▶ 기초(基礎): 모든 직업에는 '기초'가 제일 중요.
* 하나의 기초에의 정통(精通), 그리고 그것을 넘어서서 새로운 기초
에 이르는 과정에 성장과 발전이 있다. 이를 통해 특정 직업에 있
어 최고 경지에 무한히 접근하는 삶 속에 보람이 있다.
* 보람 있는 삶을 누리는 사람. 그것은 벌써 예술의 경지이다. 달도
(達道)한 인물의 표정은 밝고, 이마에서는 광채가 난다. 사진사는
이런 사람들의 표정을 촬영하고 싶은 충동에 사로잡힐 것이다.

181. 대학의 자유, 학문의 자유

▶ 진리탐구의 길: 그래도 지구는 돈다.
* 민족과 인류의 번영을 위하여 역사의식의 눈을 밝게 하려고…
* 힘, 권력, 명예를 멀리하고, 냉철한 사리판단이 있어야 하리라.
사람은 누구나 어둡고 약한 존재이기에…

182. 내가 좋아하는 말

"저 높은 곳을 향하여"(찬송가)
"준마(駿馬)는 결코 고개를 떨구지 않는다."

183. 기초의 발견

▶ 『구인록(求仁錄)』[17)]에서 무한히 진리를 탐구하듯이, 기초 또한 무한한 탐구의 과정에서만 의미가 있다.
"기초로부터 새로운 기초에까지"
그런데도 사람들은 대개 기초가 끝나면 다음은 응용 · 실천만 있다는 일반적인 이해를 하는 것 같다. 기초가 바로 '실천'인데, 그 실천의 질은 그가 지닌 '기초의 질'에 좌우(=비례)된다고 하겠다.

184. 참삶과 학문적 생산성

▶ 절대 공간에서의 학문연구는 진정한 학문연구이겠는가?
- 사람들은 때로 누구에게도 구속받지 않는 절대 공간을 희구하게 마련이다. 그것은 다름 아니라 역사적 상황성이 개체에 미치는 압력을 의식하기 때문이다. 때로는 그 압력에 못 이겨 압살(壓殺)당하는 것 같이 여겨지기조차 하기 때문이리라. 그러나 그와 같은 긴장 관계에서 벗어나는 무중력 상태에 놓였을 때 과연 그것이 이상적인 공간이라 하겠으며 '학문적 생산성'을 높여주는 환경이라 할 수 있겠는가? 그렇지 않을 것이다. 이 세상에 이상향(理想鄕)은 없

---

17) [편집자주] 구인록(求仁錄): 조선전기 문신 · 학자 이언적이 인(仁)에 관한 학설을 종합적으로 고찰하여 1550년에 저술한 유학서. 『한국민족문화대백과사전』

다. 바로 이 사실이 우리에게 인간다운 삶과 진리탐구와 학문적 생산을 가능케 하는 원천이라고 하리라.

185. 멋의 탐구

▶ 한국인의 정열적 원천을 찾아서: 공감대(共感帶), 공분모(公分母)가 되는 것이 있을 것이다.
- 한국인이면 누구나 즉각적으로 공명(共鳴)할 수 있는 핵사상체(核思想體)가 있을 것이다. 나는 한국인의 심금을 울리는 관건적 용어는 '멋'이라고 본다.
* 멋있는 사람으로서의 '선비'. 그리고 실천적 행동원리가 되는 것이 바로 '참'일 것이다. 탁월한 실력이 있기에 능히 금력욕, 권력욕, 명예욕 등 '탐욕'을 멀리할 수 있고, 초연(超然)할 수가 있다. 여기에 '멋'이 있는 것이다. '멋'이란 정신적 흥청거림(여유)이요, 진정한 사는 맛이 여기에 있는 것이다.

▶ 이 지구상에 생존하고 있는 민족은 크게 둘로 나누어 볼 수가 있다. 하나는 침략을 일삼아온 민족이요, 또 하나는 침략을 받은 민족이면서도 오늘날까지 생존하고 있는 경우이다. 우리는 후자에 속한다. 실로 전자는 죄지은 민족이요, 마땅히 인류에게 끼친 죄악에 참회하여야 할 것이다. 그것은 그렇다 치고 우리의 경우는 이제야 가슴을 펴고 올바르게 사는 것을 세계 전체에 제창(提唱)해야 마땅하다 착하디 착한 평화민족인 우리 한국인, 언제까지 역사의 희생자로만 있을 것인가? 이제야 우리에게 주어진 인류사적 소명(김命)에 눈을 떠야 할 것이 아닌가?
- 그런 점에서 '멋'은 창조요, 포용력이다.

186. 손때 묻은 낡은 카메라

일전에 조죠지(增上寺)에 산책갔을 때 일이다. 막 본당 계단을 오르려고 하는데 젊은 부부가 아직 어린 두 살 정도의 어린이를 손에 안고 서서 나에게 카메라 셔터 좀 눌러 달라고 부탁을 하는 것이었다. 나 역시 산책 차 나온 사람이니 서두를 것도 없는지라 기꺼이 응해 주었다. 그런데 아주 낡은 카메라였다. 낡았다는 것은 나쁘게 말하기 위해서가 아니라 정말 고개가 저절로 숙여질 만큼 애용해 온 카메라라는 것을 금방 알아차릴 수 있으리만큼 여기저기가 벗겨져 안의 금속 부분이 그대로 드러나 있으니 얼마나 오랫동안 애용해 온 것인가 알 수 있어서였다. 그 젊은 소유자가 말하기를 자기는 전국을 돌아다닐 때마다 이 카메라로 찍었다는 것이다.

우리는 카메라에 한하지 않고, 물건을 애용함이 없이 그저 가지고만 있어 사장(死藏)시키는 잘못을 범하고 있는 경우가 너무도 많은 것 같다. 이 젊은 부부로부터 나는 크게 배웠다.

187. 겸허한 자세, 청사(靑史)에 이름을…

▶ '악명(惡名)'이나 오명(汚名)이 아니라 '위인(偉人)'으로 청사(靑史)에 이름을 남기려는 생각은 옛날 사람들도 갖고 있었다. 그러나 엄밀한 의미에서 이것은 자기가 원한다고 되는 것은 아닌 것 같다. 도리어 이 모든 욕심을 버리고 오직 겸허한 자세로 민족과 인류를 위하여 봉사하는 것 이외에 길이 없을 것 같다. 그것도 이름을 남기려는 욕심이 아니라 그 모든 것을 도외시하고 진정 인류의 번영을 위한 것이었을 때만 가능한 것이 아니겠는가.

닉슨이 '청사'에 이름을 남기려고 녹음기를 마련하였으나 그것은 워터게이트 사건의 증거물로 엉뚱하게 오명을 남기게 되었다.

188. 범사에 감사하라, 이순(耳順)을 기다리는 마음

사람들은 대체로 나이를 먹는 것을 싫어한다. 늙은이가 되는 것을 싫어한다. 그러나 나는 그렇지 않다. 그것은 아마 내가 어려서부터 몸이 약했었고, 또 몇 번인가 전쟁 등으로 해서 하마터면 죽었을지도 모른다는 생각이 들어서 지금 살아있는 것만 하여도 고맙기 그지없기 때문인지도 모른다.

그러기에 30세가 되었을 때만 하여도 정말 기뻤다. 30세, 얼마나 좋은 나이인가. 싱싱한 30세이다. 40세가 되었을 때는 더욱 기뻤다. 이제 나도 불혹(不惑)에 접어들었으니 말이다. 지천명(知天命)인 50세에 접어들었을 때는 더욱더 기뻤다. 인생의 활동기에 들어섰다는 기쁨. 성숙해가는 연령임이 마음에 들기에 말이다.

그런데 나는 또 이순(60세) 되기를 기다린다. 그 까닭은 나이가 자꾸 들수록 나의 수명은 새롭게 경신되기 때문이다. 그러기에 지금 56세인 나는 가능하면 앞으로도 70, 80, 90… 이렇게 자꾸 나이를 먹고 싶다. 그만큼 나는 오래 살며 활동했다는 얘기가 되기 때문이다.

189. 교육의 힘, 교사의 힘

▶ 교육의 힘이 얼마나 무서운 것인가, 또한 위대한 것인가!
- 한 사람의 운명에 얼마나 거대한 작용과 의미가 있는가에 대하여 천하의 교육자 되는 사람, 장차 교육자가 되려는 사람은 몸서리치고, 그 위력과 진가에 대하여 바르게 이해하고 각성하여야 할 것이다. 우리는 너무도 이 엄청난 '교육의 힘'의 진가, 참뜻을 모른 채 교육자가 되고 교육학자가 되는 것 같다.

190. 두 가지 영양분의 섭취

나는 일본에서의 연구 생활에서 몇 가지 사항에 대하여 특히 유념해 오고 있다. 그중 하나가 생활 리듬의 항상화(恒常化)요, 또 하나가 영양분의 충분한 섭취이다. 그런데 이것 또한 생활 리듬의 항상화를 위한 것이라 해도 좋을 것이다. 그만큼 나는 영양분의 섭취문제를 연구 생활과 직결시키고 있고 중요시하고 있다.

그러면 내가 섭취하는 두 가지 영양분이란 무엇인가? 하나는 서적을 통한 것이요, 또 하나가 이른바 음식물이다. 둘 다 나는 그 영양분 섭취를 위하여 가장 호화판으로 돈을 아끼지 않는다는 주의(主義)이다. 그러기에 서적은 특히 신간본으로 필요하다고 여겨지는 책들은 수시로 얼마든지 주문하여 탐독하고 있다. 정신적 영양분 섭취이니 말이다. 후자 또한 전체적 조화를 생각하면서 좋은 것을 골라 먹고 있다.

191. 한민족(韓民族)의 인류사적 사명에 대하여…

나에게 있어 아무리 책을 읽고 생각을 해 보아도 알 수 없는 한 가지 사실이 있다. 그것은 다름이 아니라 누구나 느끼고 있으리라고 보거니와, 우리 민족은 순하고 어질고 마음이 착하여 남에게 해(害)를 입히려고 하지 않는 민족인데도 불구하고 역사적으로는 가혹한 시련을 너무도 여러 차례 당하였다는 사실이다.

일본에 의한 수많은 침략. 이를테면 임진왜란과 일제 통치시대가 그렇고 또 북방민족에 의한 침략도 절대 만만치 않은 것이었다. 그중에서도 거란족이나 몽골족의 침공과 만주족에 의한 병자호란의 경우를 잊을 수 없을 것 같다.

천만다행히 우리가 세계사에서 사라지지 않고 민족으로서도 엄연히 존속되고 있을 뿐만 아니라 독립 주권국가로서 당당히 아시아의 일각에 건재하고 있다는 점은 이 이상 소중할 수가 없으리라고 본다.

사실 평화 민족이었기에 무력 침공으로 영구히 지구상에서 자취를 감추고 만 민족도 허다하다. 그런데 가장 자랑스러운 평화애호 민족인 우리 한국인이 건재하다는 것은, 하나는 오늘의 우리를 있게 한 선인 (先人)들의 피나는 공적에 감사해야 하는 동시에 앞으로 우리가 수행하여야 할 인류사적 사명에 크게 각성해야 하리라고 본다.

192. 습성, 생활의 리듬

교수 생활만 30년 가까이 되고 보니, 어느덧 나의 생활 리듬 역시 교수 생활로서의 리듬이 되어 버린 것 같다. 그것을 새삼 느끼게 된 것이 이번에 일본에 와서이다. 지내보니 완연히 그런 특징이 드러나는 것만 같다. 다만 연구소 생활의 리듬과도 또 다른 것이 교수 생활의 리듬인 것 같다. 결국 나는 처음부터 나의 생활 리듬을 유지해 가면서 연구소를 이용하기로 마음먹었다.

나는 결코 연구원으로서 이곳에서 지내는 일이 중요한 것이 아니라 어떻게 하면 짧은 체재 기간이지만 나의 소기(所期)한 바 연구 계획에 따라 연구성과를 올리느냐에 있는 것이다. 또 그것 이상으로 중요한 것은 정말 후회 없는 1년간의 연구 기간에 유종의 미를 거두고 최고로 충실한 심신 상태로 귀국할 수 있는가이다. 지금까지는 내가 뜻한 대로 잘 진행되고 있다고 본다.

(1981년 3월 6일)

193. 교육의 이론과 실천

▶ 맹아(萌芽) => 개화(開花) => 결실(結實): '기초(基礎)의 발견(發見)'
- 처음부터 거기에 있는 것, 즉 진리(眞理)를 진정 있다고 알아낸 점
에 의의가 있다고 하리라. 그러기에 공연히 분주하게 움직이는 사
람은 많지만 건성 분주하게 돌아다니고 있는 것일 뿐이다. 좀 더
겸손해져야 할 것이다.

<표 5> 나의 삶의 발자취

연도(나이)	사건	비고
1925	출생(서울)	
1938(13세)	경성사범학교 입학	
1945(20세)	을유광복	
1952(27세)	부산에서 결혼	
1957(32세)	미국 컬럼비아대학	「기초주의」의 명명(命名)
1966(41세)		「기초주의」의 제창(提唱)
1968(43세)		『한국교육의 이념』 (저서)
1973(48세)		『기초주의』 (저서)
1979(54세)		『현대인과 기초주의』 (저서)
1980(55세)		「기초주의의 구조」 (특별강연): 일본 교육철학회
1981(56세)	(현재)	「기초주의의 교육적 가치체계(價値體系)」 (제26회 동양학자 국제학술대회)
1985(60세)	환갑	
1990(65세)	정년 퇴임	서울대 명예교수
1995(70세)	고희	
2000(75세)		

194. 교육부(敎育府)의 구상

▶ 국자감(國子監)의 기능: 교육기관인 동시에 교육행정 중추기관.
* 정부 4부(四府): ①행정부(行政府), ②입법부(立法府), ③사법부(司法府), ④교육부(敎育府)
  => "교육은 국가 백년지대계"
  말로만이 아니라 법적 보장하에 구체적으로 그 실천이 가능해져야 할 것이다. 교육은 우리 모두의 공동 관심사의 것으로서, 사리사욕이란 있을 수 없다. 평화애호 민족으로서의 우리 민족이 세계사적으로 공헌할 수 있는 길이 무엇이겠는가? 교육을 통하여 우수 민족 육성에 성공한 본보기가 되는 일이요, 그 결과로서 인류문화 발전에 획기적 공헌을 하여야 할 것이다.

195. 대학 및 고교입학

▶ 축하 메시지: 경(経)과 석(碩)에게
* 경진(経震)에게
  1) 생애계획을 가지고
  2) 택우(擇友): 좋은(훌륭한) 친구를 사귀도록
  3) 택사(擇師): 훌륭한 스승과의 만남
* 석진(碩震)에게
  1) 문학작품(한국 및 세계 명작)을 읽도록
  2) 수영 등을 통하여 체력(體力)을 단련하기를…
  3) 사진 같은 한 가지 취미(趣味)를 키워나가도록

(1981. 3. 8. 아침)

196. 한국인과 일본인

여기에 와서 일본인 학자와 얘기하는 가운데 화제가 일제 치하의 한국 얘기가 되고 보면 근본적으로 대척적(對蹠的)인 위치에 있다는 것을 새삼 느끼게 된다. 즉 우리로서는 일본이 지배한 35년간을 피해자의 관점에서 일본의 잘못을 강조하는 데 반하여 그들 일본인 측은 은연중의 어의(語意)로써 결국 그것은 한국이 약해서 지배당한 것 아니냐는 생각을 넌지시 비쳐 이쪽의 말문을 막아 보려고 한다. 이것은 대단히 중요한 문제이다. 우리 젊은 세대도 이 점을 잊지 않아야 할 것이다.

옷이 날개라는 말이 있거니와 국력이 날개이기도 한 것이다. 이것을 새삼 강렬하게 느끼게 되는 것이 특히 외국에서 지내보면 더욱 뚜렷한 것 같다. 그러니 우리에게 요청되는 일이란 단 하나, 우리 자신이 잘 살아야 하고 힘을 가져야 한다는 것이다. 도산(島山)이 기회 있을 때마다 "힘을 키우소서"라고 외친 참뜻을 몇 번이고 되씹어 보아야 할 것이다.

반면 힘이 있을 때 외국에서의 생활은 쾌적하고 크게 대접받는 나날이다. 힘을 키워야 한다. 특히 일본인에 대하여 한국을 가장 바르게 이해시키는 첩경은 다름 아니라 우리의 참된 힘을 보여주는 것밖에는 달리 길이 없을 것이다.

한 나라의 국력이란 실력 있는 사람, 인재의 다수 확보에 있다고 하겠다. 즉 우수한 인재의 배양과 절대량 확보가 무엇보다도 요청된다.

197. 높은 시점(視點)과 넓은 시야(視野)

매스컴의 저널리즘적 감각에서는 어떤 나라가 정상적이고 안정되고 발전되고 있는지는 그다지 관심이 없고, 선전 광고가 아닌 바에는 기사화되지도 않는다. 그 대신 돌발사태, 위기, 데모 등등 조금이라도 이상이 있으면 대대적으로 기사화한다. 이것이 몇 번이고 되풀이 보도되다

보면 마침내 특정 국가의 이미지가 형성된다. 이렇게 해서 형성된 특정 국가에 대한 이미지는 고정관념화되는데, 그 해독은 절대 적지 않다.

그러기에 우리가 살아가는 데 언제나 요망되는 것은 세계적 조망(眺望)이요, 높은 시점과 넓은 시야이다. 달리 말하면 '역사적 전망'이라고 하겠다.

198. 문화적 마찰

도쿄대학의 엔도 신키치(遠藤審吉) 교수가 중심이 되어 진행 중인 연구과제 "문화적 마찰(文化的摩擦)", 중국에 대한 것이 중심인데, 아베 히로시(阿部洋)는 '교육' 부문 담당 책임자. 여기에는 한국 관계의 것도 일부 포함되어 있다. 그런데 점잖게 말해서 '문화마찰'이지 실제는 문화 침략이고, 인제 와서 새삼 이런 문제를 연구하게 된 데에는 그런 나름으로 이유가 있다고 본다.

표면적으로는 단순한 학술연구라고 하지만 뒤집어서 생각해보면, 이번에는 소리 없이 문화 침략을 진행하여 전에 실패했던 것을 되풀이하지 않기 위한 문화 침략 예비 작전상의 연구물이라고도 볼 수 있는 것이 아닐는지. 나는 이런 연구 자체가 광범위하게 수년간에 걸친 문부성 과학연구 조성비로 진행 중이었음을 알고 솔직히 착잡한 감정을 느꼈다. 이런 것 말고 좀 더 상대방 문화의 장점 연구도 할 수 있으련만…

199. 사장학(社長學)

훌륭한 사장은 풍부한 자료(정보)에 의해 본질을 정확하게 파악한다. 그뿐만 아니라 결단도 빠르기에 부하들 처지에서는 가타부타 한마디 말하기도 어렵다. 종래와 같은 아첨식(阿諂式)이나 저돌식(猪突式)으로 그저 일만 하려는 인간은 이제 전혀 통하지 않게 되었다.

리더십의 요체는 "사원들로부터 사랑받기 이전에, 우선 두려워할 정도로 뛰어난 존재가 되어라."

* 합리성과 계획성: 가장 기본에 충실한 방법으로 해결토록 한다.
  1) 목적을 명확하게 하고
  2) 하려는 의욕에 불타게 하고
  3) 진행을 원활하게 해준다. (일하기 좋은 조건을 조성해준다.)
     => 서로 의사소통이 가능하게 해준다.
* 사례: 일본 마쓰시타 전기(松下電気)의 '나쇼날(ナショナル: national)
- '마쓰시타맨'의 3조건: ① 일을 건실하게, 착실하게 수행하여 실적을 올린다. ② 어떤 경우에도 징징 우는 소리를 내지 않는다. ③ 자기 신념을 가진다.

200. 국회의 (운영) 심의

당연한 일이지만 이곳에 와서 인상 깊었던 것은 국회의 정상적 운영이었다. 이것은 말하자면 민주국가로서 너무도 상식적인 얘기이지만 그러나 TV 또는 라디오로 심의 과정이 그대로 중계방송되는 것은 나같이 잠시 체재 중인 외국인조차도 이 나라의 국사(國事)가 어떻게 진행되고 있는지 곧 알 수 있어서 아주 좋게 여겨졌다. 그러니 조금만 관심이 있는 국민 대중이라면 자기들이 선출한 국회의원들의 활약상이라든가 나라의 살림살이에 대하여 대충 알 수 있을 것이 틀림없다.

미국의 국회운영에 이르러서는 말할 나위가 없거니와 일본에 와서 매우 인상적인 것의 하나가 국회운영 상황에 있었다는 것만은 사실이다. 국무총리 이하 각부 장관들이 나와 답변함은 물론이거니와 중계방송 역시 아침부터 저녁 6시까지 하고, 또 부득이 중계를 못한 것은 밤늦게 TV로 녹화 방송을 하여 전모를 전하려 애쓰고 있음이 역력하다.

201. 극기(克己)의 하루하루

▶ 불가근(不可近) 불가원(不可遠) 365일

1) 신심(身心) 양면의 조화와 충실화: 생활 리듬의 견지(堅持)

2) 도쿄를 중심으로 한 일본에서의 1년간의 생활경험…
   일본 1년간의 생활 리듬: 세시적(歲時的) 체험 심화

3) 현대 일본교육철학(교육학)의 현황 파악: 주도적 학자, 주요 문헌 수집.

4) 일본학자와의 교의(交誼) 심화: 정말 사귈만한 사람이 누군가를 신중히 헤아려 사귀도록…

5) **'기초주의'에 관한 소개 및 이론적 심화**: 접촉면은 되도록 좁게, 내용 면은 심화, 풍성하게 함을 원칙으로…

6) 연구 생활 중심: 이미 1961년, 1969~1970년, 1976년 등 여러 차례 대학 순례(巡禮)를 한 적이 있었지만, 이번에는 강연 및 연구발표(심포지엄) 초청을 계기로 여러 대학을 방문하고 있음.

7) 발전과 통정(統整)의 율동적 자기 전개: 이번 일본에서의 연구 경험은 훗날 미국(이를테면 하와이의 동서문화센터)에서 활동할 때 징검다리로 삼을 생각임.

202. 호소카와(細川) 가문의 가풍(家風)과 나:
호소카와 모리사다(細川守貞)의 글에서

▶ 호소카와 다다오키(細川忠興): 가토 기요마사(加藤清正)가 머무르던 「구마모토성(熊本城)」을 도쿠가와(德川) 막부의 관리가 관리하고 있었는데, 호소카와가(細川家)가 접수하러 입성(入城)할 때 한 일은, 구마모토인의 인심이 아직도 가토 기요마사를 흠모하고 있는 것을 첩자들을 통하여 미리 알고, 가토의 위패를 앞세워서 입

성, 묘지 요배(遙拜: 먼 거리에서 그쪽을 향해 절하기) 후, 구마모
토 성을 접수. 수일 후 묘지를 참배하였다는 것.

또 호족들에 대해서 우대하였고, 도검(刀劍)을 하사할 때도 상대
방 호족의 가문(家紋)을 칼자루 표면에 붙여주고, 호소카와가의
가문은 뒤에 혹은 잘 보이지 않는 곳에 붙여 놓아 상대방의 체면
을 세워주는 세심한 주의를 하였다는 것.

* 성주로서 전쟁에 나가서도 제일선에 나서 병사들을 이끄는 등, 결
코 "알아서 잘 처리하라(よきに計らえ: 요키니 하카라에)"라는 식
이 아니라, 구체적인 계획과 복안을 가지고 지시·명령함.

203. 일본교육의 현상과 그 진단

▶ 일본교육 황폐화의 원인과 대책에 관하여…

Ⅰ. 일본 부흥의 비밀은 무엇인가?

1. 경제부흥 - 한국동란에 의한 특수경기. 교육력(敎育力)의 성과.
…(중략)…

2. 전쟁에 의한 폐허화(廢墟化)와 건재한 인적 두뇌.

전쟁으로 주요 도시는 모두 폐허가 되었다. 이는 오히려 새로운 계
획에 의하여 신식의 시설을 세우기 쉽게 만들었다. 낡은 시설을 철거할
필요가 없었기에 이에 시간을 낭비하지 않아도 되었다. 그 대신 새로운
시설은 전후(戰後), 선진국의 것을 열심히 본받아 이에 따라 보다 나은
시설을 할 수가 있었다. 선진국은 전후 일본인들이 자기네 나라를 찾아
와 배우는 데 대하여 호의적이었고 모든 것을 보여주었으며 가르쳐 주
었다. 그 결과 이를 배워간 일본은 카메라를 비롯하여 자동차나 TV,
시계 제작에서 선진국을 능가해 가고 있다. 요즈음 '경제 마찰'로 불리

는 것은 그 결과이다.

전쟁으로 도시 및 시설은 폐허가 되었으나 그들이 학교에서 또는 군대와 공장 등에서 배웠던 기술과 학문, 즉 두뇌와 기술은 건재하였다. 물론 많은 사람이 전쟁으로 생명을 잃었다. 그러나 살아남은 인적자원은 새로운 경제건설의 원동력이 될 수 있었다. 더욱이 부흥 건설 도중에 한국전쟁으로 좋은 기회를 살릴 수 있어 경제적으로 급성장할 수 있게 된 것이다. 과거 일본교육의 성과라 하겠다.

다만 여기서 오해가 없어야 할 것이 있다. '교육력의 성과'라 하지만 군국주의적 교육방식이 좋다는 뜻은 결코 아니다. 물론 전후 일본 부흥은 전중세대(戰中世代)가 역군이 되어 경제발전을 가능케 한 것만은 사실이다. 그러니 그들이 과거에 받은 교육이란 군대식 교육, 군국주의식 교육이다. 그렇기에 '경제부흥 = 군대식 교육'이라는 등식이 성립되느냐 하면 그것은 좀 생각할 문제라는 것이다. 왜냐하면, 교육의 성과, 즉 인간 형성에 영향을 미치는 요인은 결코 단순한 것이 아니기 때문이다. 또 같은 요인이라 하여도 그것이 개체에 따라서 작용하는 교육적 효과 또는 의미는 꼭 같은 것이 아니다. 즉 S-R의 관계가 아니라 S-O-R이다.

어떻든 죽느냐 사느냐의 기막힌 상황 가운데서 물불을 가리지 않고 있는 힘과 지혜를 다하여 폐허 속에서 경제건설을 하였다는 사실만은 분명히 말할 수 있다. 다만 교육적 효과를 군국주의식 교육 자체에 두려는 것, 나아가 지금이라도 군대식 교육을 하면 효과가 있을지도 모른다고 생각하거나 이에 연결하려 한다면 이는 재고해 보아야 할 것이다.

3. 해외 생활 경험자의 귀환과 일본문화의 복합화(複合化)

여기에 관한 교육학적 성찰이 어느 정도 이루어졌는지는 자세히 알 수 없으나 어떻든 적지 않은 인원수가 오랫동안 한국을 비롯한 식민지 또는 다양한 외국에서의 생활경험, 즉 외국문화를 의식적·무의식적으로 지닌 사람들이 귀국하였다는 것. 전쟁 포로(이를테면 시베리아 유형 생활 경험자)의 귀환 역시 재래의 일본문화에 또 하나의 그 무엇, 즉 새로운 외국문화를 보탠 것이 되었다.

만몽개척자(滿蒙開拓者)로 갔던 사람들이 돌아왔을 때 그들 역시 만주와 몽골 또는 중국문화를 어느 정도 몸에 지니고 (그 수준을 묻지 않고…) 돌아왔을 것이 틀림없다. 얘기는 다르지만, 김치의 경우가 그 한 예요, 불고기의 경우가 그 좋은 예다. 일본인의 식생활이 이 김치와 불고기, 마늘을 애용하면서 얼마나 풍부해졌는지 모른다. 이런 모든 일로 해서 일본은 전쟁에 졌지만 (그로 인해 많은 것을 배운 것, 인생의 교훈도 컸으리라 보거니와) 다른 한편 해외 경험을 한 사람들이 모여 사는 가운데, '문화적 재생산과정'을 밟아 그것이 일본의 부흥을 촉진하는 원동력의 하나가 되었다고 볼 수 있다. 그런 점에서 '문화적 삼각파도(三角波濤)'의 의미를 분명 말할 수 있다고 본다.

II. 일본교육 황폐의 원인(原因)은 무엇인가?

무엇을 근거로 일본교육은 황폐화하고 있다고 말할 수 있는 것일까? 적어도 신문에 보도되고 있는 대로 도처에 '교내폭력'이 일반화하고 있고 교사와 학부형 그리고 일반 사회인, 전문가들조차 어찌할 수 없으리만큼 비관적 상태에 있는 것이라면 일본교육이 위기에 놓여 있다는 말도 나옴직하다고 보는 것이다. 그러면 구체적으로 '교내폭력'이라는 것을 (교육적 현상에서) 예로 든다면 그 근본 원인 및 대책은 무엇이겠는가?

1. 교육적 권위 부재에 기인(起因)한다고 본다.

크게는 교육이념, 교육적 신조 결여의 결과라고 하리라. 달리 말하면 진정한 의미에서의 교육적 권위가 상실된 결과다. 전전(戰前) 그리고 전쟁 중에는 비록 오늘날 그 과오가 명백해졌지만 어떻든 귀감(龜鑑)이라 할 수 있는 '이상적 인간상'의 제시도 있었고, 귀일(歸一)할 '교육이념'도 거듭거듭 강조되어 그 나름으로 교육의 핵심이 존재하였었다.

그러나 전후의 일본은 이 점에 있어서 명백하지 않았을뿐더러 구체적으로는 보수와 혁신 간의 끊임없는 투쟁으로 30여 년을 지내 온 것이다. 말하자면 문부성과 일본교직원조합(=일교조) 간의 알력과 투쟁이 있었다. 그 결과 자세히는 알 수 없으나 지금도 교사들 간에는 보혁 대결 구도가 남아 있는 것으로 안다. 중간적 처지에 있는 사람들도 있으리라. 그렇다면 같은 학교 안에서도 적어도 교사의 태도는 세 가지 색깔이 있는 것이다. 이것은 학교 교육에 어떤 그림자를 남기지 않겠는가? 교사 모두가 같은 교육적 신조를 지니고 있으면서도 각 교사 개인의 개성을 살려가면서 교육을 해가는 것과는 전혀 다르리라고 본다.

권위(權威), 교육적 권위의 부재 현상이란 교육에 있어 대단히 심각한 문제의 하나라고 하리라. 청소년들은 교육받는 과정에서 진정 위대한 것, 권위적인 것에 접하여 고개를 숙일 수 있는, 즉 경외(敬畏)할 수 있을 때, 그런 위대한 존재가 대단히 의미 있고 중요하다고 생각하게 된다. 그것이 일본의 교육현장에는 크게 결여된 것은 아닐까?

2. 가정의 교육적 기능 상실(결여).

시쓰케[미(躾: しつけ)]는 일본교육의 방법을 표시하는 원리적 개념이다. 그러나 근래에 와서 이 '시쓰께'가 부족하다는 말을 신문 보도를 통해서도 자주 듣게 된다. 결국, 그간 대부분 가정은 우선 먹고살기에 바빠서, 그리고 그 후 어느 정도 경제적으로 윤택해지고 나서도 더욱 윤택한 삶을 살기 위해서 더욱 가정교육을 희생시켜 가면서 많은 시간을 직장에서 보내게 되었다. 요컨대 가정교육이 소홀해진 것은 아니었을까? '가깃코(鍵っ子)'[18]라는 말이 나온 것만 보아도, 따뜻한 가정을 유지하기 어렵게 된 현대 일본 가정의 일면을 엿볼 수 있는 것이 아닌가 한다.

---

18) [편집자주] 鍵っ子[かぎっこ]: 학교에서 집으로 돌아온 후 일정 시간 감독해 줄 사람이 없는 아동 생도. 1960년대부터 도시에서 맞벌이 가정이 증가하고, 부모보다 먼저 집에 돌아온 아이들이 집 열쇠를 가지고 방임된 상태가 주목되면서 이러한 호칭이 생겨났다. 지방 자치단체는 아동 보육 시설을 설치하여, 보육대책을 마련하게 되었다. <ブリタニカ国際大百科事典 小項目事典の解説> https://kotobank.jp/word/鍵っ子-43466

3. 치열한 입시경쟁(수험전쟁)의 악순환(惡循環)

'가타가키[견서(肩書)]' 즉 직함 중시의 학력 사회라는 것이 자연 명문교, 명문대학, 일류대학 지향이라는 사회풍조를 낳고, 그것은 치열한 입시경쟁을 낳게 되었다. 예비교(豫備校)가 번창하면서 '난주쿠지다이(亂塾時代)'라는 말 역시 그 일단을 보여주는 것이다.

학력편차(學力偏差), '와기리(輪切り)', '아시키리(足切り)'[19] 등 학력(學力)으로써 인간이 평가되고, 그것이 인생을 좌우하게 되어있으니, 수험준비는 인간다움의 형성과는 관계없이 더욱 치열해지고만 있는 것이다. 그러기에 우리나라에서는 작년에 강권(強權)으로 과외금지 조치를 단행하니, 도리어 부럽다는 눈치를 감추지 못하는 분위기도 있었다.

III. 일본교육문제 해결책(解決策)은 무엇인가.

이것은 일본만의 경우가 아니라고 보거니와, 지금까지 채택해 온 교육측정 및 교육평가 방식에 대하여 일대 반성이 있어야 할 것이 아닐까? 'OX식 증후군 폭발'을 우려하는 기사도 볼 수 있거니와, 퀴즈식의 단편적 지식만 가지고 살 것이 아니라, 좀 더 길게 본질에서 사물을 보고 생각하고 자기형성을 해가는 일이 필요한 것이 아닐까?

1. 역사적 자아 각성의 교육

"너 자신을 알라."라는 말도 있거니와, 우선 각자가 "나는 누구인가?"에 대하여 어려서부터 자문자답(自問自答)하도록 교육해야 할 것이다. 달리 말하면 청소년 각자에게 자기생애에 대하여 구체적이고 심각하게, 그리고 본질적으로 계속 추구 심화해가도록 가르칠 필요가 있는 것이 아닐까? 그러는 가운데 자기 자신의 개성, 특질에 눈뜨게 되고, 또 그 특성을 살릴 수 있는 인생 설계도를 꾸미게 할 필요가 있다고 생각된다.

---

19) [편집자주] あしきり(足切り): 성적이 일정 수준에 미달한 자를 탈락시키는 일『다음 일본어 사전』

이럴 때 각자가 연령에 따라 갖게 되는 교육적 기회(초등학교로부터 대학, 대학원, 그 밖의 교육적 기회까지 포함해서…)가 자기 생애와의 관계에 있어서 무슨 의미가 있는가를 분명히 파악할 수 있을 것이고, 그러기에 그때그때 갖게 되는 교육적 기회를 소중하게 여기게도 될 것이고, 또한 그 교육적 기회를 자기 삶과의 관계에서 충분히 살리려는 노력이 있을 수 있다.

2. '인간 형성의 논리(論理)'에 대한 바른 이해가 있어야 할 것이다.

피교육자인 청소년 스스로가 다른 지식 못지않게, 아니 다른 지식에 앞서 우선 알아야 할 것은 '인간 형성의 논리'라고 하겠다. 쉽게 단적으로 말하면 이제부터의 학생 즉 모든 피교육자는 교육학에 대한 교양이 있어야 하리라고 본다. 여태까지 교육학은 교육하는 교육자에게만 소용이 되는 학문으로 여겨져 왔으나, 실은 교육학은 교육자만이 알고 있어서는 교육적 효과가 적다. 학부모를 비롯한 모든 성인들이 '부모학'이라는 견지에서 교양으로서 지니고 있어야 할 것이다.

또 하나는 그보다 더 연령적으로 어린 시절인 청소년 시절에 피교육자가 스스로 자기형성의 의미와 이념 및 방법을 알고 있어야 한다. 그래야 교사의 교육적 의도도 좀 더 수동적이 아니라 능동적 입장에서 이해할 수 있을 것이고, 결과적으로 자기형성에 교육적 의미와 효과를 지니게 될 수 있다. 그런 의미에서 나는 교육학의 확장, 즉 피교육자는 교육 초기부터 피교육자 스스로가 교육학의 교양을 갖도록 요구하고 권장할 필요가 있다고 본다.

3. 교육고전(敎育古典)의 권장

이것은 나아가 교육고전, 내지 일반 고전 및 전기류(자서전 포함)를 읽도록 권장하고 싶다는 얘기가 된다. 일본 교육계의 경향을 보니 서양 문물 편중이 매우 심한 것 같다. 이것은 그런 나름으로 좋은 면도 있다고 본다. 그러나 동양의 고전을 경시하거나 무시하는 경향은 크게 반성해야 할 것 같다.

동서 사상·문화의 특질을 도식적으로 고정 관념화하는 것도 문제가 있다고 보거니와 그러나 한편 동양 (고전) 문화와 사상은 윤리적·역사적 안목 배양에 매우 유효하다는 것은 부정하기 어려울 것이다.

그 옛날 일본은 한국을 통하여 대륙 문물을 받아들였다. 유교만 하여도 그렇다. 그러나 오늘날 유교 사상은 학교 교육에서 거의 자취를 감추어 『논어』 한 권을 제대로 읽어본 적이 없는 청소년이 대부분일 것이다. 그것은 인간 형성의 근본원리, '인(仁)'에서 멀어진 지 오래라는 얘기가 될 것이다. 이로 인해 '이(利)'를 탐하는 경제 제일주의만을 추구하여 심지어 '경제적 동물(economic animal)'이라는 말을 듣게 되고, '의(義)'를 추구하려 하지 않는 사람, 그런 편파적인 교육이 되었다는 데에 문제가 있다고 본다.

그러니 앞으로 요청되는 것은 정신요소, 교육적 자양분 섭취에 있어 편식을 시정해야 할 것이다. 그 첫번째 길이 일본 및 동양 교육고전의 소양이 있어야 한다는 것이다. 그리고 교육자와 교육학자로서는 새로운 인간 형성의 논리 제시가 있어야 할 것이다. 그런 의미에서 나는 「기초주의」를 일찍부터 주창하였다.

(1981. 3. 11.)

204. 교육기사를 1면에, 정치기사를 3면에

이 정도로 '교육'에 큰 비중을 두고 사회적 관심을 쏟는다면, 그 나라의 장래는 밝아지게 될 것이다. 시정연설에서도 정치나 경제에는 온갖 관심을 보이고 우선하여 거론하고 있지만, 어느 나라나 교육에 관한 것은 맨 끝부분에 가서 문화 일반을 논하는 일로 간단히 처리해 버리고 있다. 물론 정치, 경제가 중요치 않다는 것이 아니다. 그러나 좀 더 긴 안목에서 본다면 '교육' 중시의 풍조를 견지하게 함으로써 국가의 토대를 튼튼히 하고, 그 다음에 기술적인 문제로서 정치·경제 등등을 다루어도 좋지 않겠느냐는 것이다.

선진국의 경우에 오늘날 가지가지의 끔찍스러운 교육문제를 야기하고 있어 연일 신문 지상에 보도되고 그 해결책이 별로 없어 보여 안타깝다. 결국 평소에 교육 경시의 풍조가 빚어낸 결과요 벌(罰)이니, 이제부터라도 '교육 제일주의'로 바꾸어 나가야 할 것이다. '1면 기사'로 교육문제를 다루어야 하는 까닭 또한 여기에 있다.

205. 입시문제, 그 향방(向方)과 본질적 이해

입시제도는 현대 사회의 필요악이라고 해야 할지도 모르겠다. 그 까닭은 처음부터 학교 수와 수용 능력은 정해져 있는데 입학 지망자는 그보다 몇 배나 많기 때문이다. 그러기에 아무리 입시제도에 손을 댄다 해도 전원 시험 없이 본인의 희망에 따라 입학할 수 있다면 모를까 선발을 하기로 한다면 거기에는 반드시 낙오자, 불합격자, 낙제생이 나오게 마련이다. 따라서 합격을 하기 위한 온갖 노력을 하게 된다.

자기 실력이 아니면서도 입학하는 방법으로 가장 심한 경우가 '뒷문입학'이다. 많은 기부금을 찬조하고 그 대가로 입학이 되는 것인데, 시금도 이런 수법을 쓰는 어느 대학의 경우는 크게 문제가 되어 신문 지상을 떠들썩하게 하기도 한다.

다음은 본인의 실력을 키우기 위하여 학원에 다니거나 가정교사의 지도를 받게 하는 것이다. 나만 이 경우에 가정 형편에 따라 경제적으로 윤택한 가정이 유리하다는 것이 지적된다. 그것조차도 평등하게 해보고자 할 때 입시문제는 더욱 기술적으로 복잡하게 된다.

옛날 성인식의 경우를 다시 한번 상기해 봄이 좋을 것 같다. 그리고 청소년의 경우, 우선 잊지 말아야 할 것은 목표를 입시 합격에 둘 것이 아니라 자기 인생 전체와의 관계에서 늘 생각해야 한다는 점이다.

206. 사람다운 삶

금력이나 권력으로부터 적당히 거리를 두는 것이 좋다는 말을 모르는 바 아니다. 그러나 사람은 뻔히 안다고 하면서도 이 함정에 저도 모르게 빠져들어 간다. 역사상 이런 일로 해서 후세에 오명(汚名)을 남긴 사람 또한 적지 않다. 그만큼 사람은 금전이나 권세의 매력에 끌리는 법이고 억제하기 힘든가 보다. 춘추시대에 산 공자(孔子)나 노자(老子)의 삶에 대하여 다시 한번 생각하게 된다.

하이데거의 학자적 비극 사례도 우리는 잊을 수 없을 것이다.

고기는 물이 있어야 헤엄칠 수 있다. 물에서 떠난 고기는 생명을 곧 잃게 된다. 그런데도 고기는 가끔 물이 있어서라는 고마움을 잊고 스스로 헤엄을 잘 치는 줄로 착각한다. 학문하는 사람도 이에 비할 수 있으리라. 대학이 그에게 호흡하고 사색하며 연구할 수 있는 공간을 마련해 주고 있다. 세상 사람들이 그를 존경하는 것도 금전이나 권세를 멀리하고 진지한 자세로 시시비비(是是非非), 옳고 그름을 가려 진리를 탐구하고 있기 때문이다.

따라서 모름지기 대학인은 진리 앞에 겸허해야 할 것이며, "진리는 나의 빛(VERITAS LUX MEA)"이라는 신조 아래 '일신우일신(日新又日新)'의 수행(修行)이 있어야 할 것이다. 그리고 그러한 생활공간을 마련해 준 국민에게 감사하고 결코 그들을 실망시키는 망동(妄動)이 있어서는 안 될 것이다. 오직 진리의 이름 아래 진지한 삶이 있을 뿐이다. 사람다운 삶을 지향하는 마음으로…

(1981. 3. 12.)

207. 도쿄(東京)에 모여 사는 까닭

일본에서 도쿄의 위상, 그것은 미국의 뉴욕과 워싱턴을 합친 것만큼 중요하다. 다만 여기서 뉴욕을 꺼낸 것은 그 기능적 특성을 말하기 위해서이지, 도쿄가 뉴욕보다 우월하다는 뜻은 아니다. 그런데 누구나 짐작하듯이 일본이라고 하면 지진이 연상되고 지진하면 1923년 9월 1일에 있었던 도쿄의 간토대진재(關東大震災)를 생각하게 마련이다.

　그러기에 이번에 도쿄에서 1년간 지내게 되었다고 할 때 모두 말로는 표현하지 않았지만 지진 생각이 났을 것이고, 우리 집에서는 왜 하필이면 제일 위험한 도쿄를 택하느냐는 것이었다. 나 역시 대지진 발생 주기가 가까워졌다는 잡지 특집도 본 적이 있어 내심 마음이 편하지는 않았다. 그래도 이번에는 뜻하는 바 있어 일본의 수도 도쿄에서 1년간 지내보기로 하였다.

　그런데 여기 와서 새삼 알게 된 일도 몇 가지 있다. 하나는 겨울 날씨가 도쿄 한 곳만이 가장 좋다는 것, 더욱이 동해(東海: 일본에서는 日本海라고 하지만) 방면 지역은 태양을 볼 수 없는 음침한 겨울 날씨의 계속이라는 것도 다시 한번 우리와 대조적이라 느껴졌다. 또한, 지진 역시 지금까지는 도쿄 중심보다는 약간 동쪽 또는 서쪽 하는 식으로 주변 지역에서 발생하고 있어, 상대적 의미에서 그래도 낫다는 것을 알게 되었다. 그렇다고 대지진이 도쿄 한복판에서 일어나지 않는다고 누가 단언할 수 있으리오.

208. 인간의 정조(情操)와 정의(正義) 기준

　일본의 '록히드 사건' 공판(公判)에서도 그렇듯이 어찌 그것만이겠는가? 세상에는 선한 사람보다도 악한 사람이 더 잘 사는 경우가 너무도 많다. 그런 것을 계속 보고 있노라면 괜히 선하게 살려는 '힘든 길'보다 악하게 사는 '편한 길'을 택하는 것이 현명한 것이 아닌가? 하는 생각조차 들지도 모르겠다. 아니, 실제에 있어 그렇게 생각이 변하게 되는 것이 인지상정(人之常情)이다. 그러기에 역사상 오명(汚名)을 남긴 사람들이 너무도 많은 것이다. 다만 사람의 단견(短見)이라 영원의 선(善)의 세계보다도 목전의 안락을 택하려 한다. 그런데 실은 너무도 당연한 일이지만, 긴 시간의 흐름에서 보면 반드시 악의 결말은 파탄하게 되어있고 악이 드러나는 것은 시간문제임을 알게 된다. 아마도 악이 영원히 악이라는 것이 드러나지 않는다면 악한 길로 가는 사람들이 훨씬 더 많아질는지도 모르겠다.

그러나 선한 사람들을 실망시키지 않는 엄연한 사실이 하나 있다. 그것은 영원의 상(相)에서는 항상 선과 악은 자명한 것으로 드러나, 악은 역사의 심판을 받게 된다는 것이다. 정의의 이름 아래. 그런데 그러한 정의의 기준이 되는 것은 무엇인가? 그것은 인간의 고등감정인 정조(情操)라 하겠다. 그러기에 역사의 심판까지 가지 않아도 순간순간에 우리는 정조의 거울에 비추어 보아 스스로도 선과 악의 심판이 이루어지고 있음을 알 수 있다. 그런데도 악의 유혹하는 힘은 세다. 스스로 경계[자계(自戒)]해야 할 일이다.

209. 삶과 가르침

▶ 삶이란 무엇인가?

인류가 오늘의 문화, 문명 세계를 이룩하게 되기까지 얼마나 오랜 도정(道程)과 고행(苦行)을 거듭해 왔는지 모른다. 그렇건만 현대문명의 혜택은 스위치만 누르면 단번에 문제가 해결되고 움직이고 해서 편하기만 하다. 그 결과 정전이라든가 고장이 일어나면 꼼짝 못 하는 허약성을 드러내기도 한다.

여기서 우리는 다시 한번 자문자답할 일이 있다. 그것은 현대 문화나 문명이 일시에 파괴되는 불행한 일이 발생하였다고 할 때, 그것이 전쟁에 의하건 천변지이(天變地異)에 의하건 간에, 그때에도 우리는 당황함이 없이 우리의 삶을 지속시킬 수 있을까? 우리는 피상적으로 자

기 자신이 얼마나 보잘 것 없고 허약한 존재인지를 모른 채 살고 있는
것은 아닐는지?

우리는 좀 더 겸손해져야 할 것 같다. 경외심(敬畏心)이 필요할 것 같
다. 우리는 나날이 기초에서 멀어지는 생활을 하는 것 같다. 즉 진리에
서 멀어지는 생활을 하고 있다는 말이다. 삶이 무엇인지 다시 한번 되
물어야 할 것 같다.

(미완성 단상)

210. 여행자와 생활자의 차이(差異)

외국인으로서 외국에 비교적 단기간에 걸쳐 여행하는 경우와 일정
기간 어느 한 나라에 체류하여 생활하는 경우는 심적 변화에 있어 현격
한 차가 있는 것 같다. 후자의 경우에는 직접적으로나 간접적으로나 정
신적 긴장 또는 심리적 압박을 더 느끼게 된다고 한다. 물론 이 경우 혼
자 와서 사는 사람의 경우가 더 심한 것이 아닐까 한다. 그 까닭은 가족
단위로 또는 같은 나라 사람들이 집단으로 사는 경우라면 하나의 정신
적 유대감의 환경이 조성되어 그만큼 보호되지만, 혼자일 경우에는 보
호막이라 할지 완충지대 없이 직접 외압과 대결해야 하기에 그만큼 힘
겹게 여겨지는 것이라고 하리라.

몇 달 전에 영국에 유학 중이던 일본의 외무성 외교관 시보(試補)인
여성이 자살하였다. 우수한 여성이었건만 그만큼 외국 생활의 압력은
정신적으로 감당하기 힘든가 보다. 물론 이런 일은 최악의 사태이지
만… 그러기에 항상 정신적 평형감각을 잃어서는 안되겠다.

211. 한국과 일본에서의 8·15의 교육철학적 의미

같은 1945년 8월 15일 정오였지만, 한국인과 일본인에 있어서는 같은 성질의 8·15는 아니었다. 다만 같은 것이 있었다면 새로운 역사의 기점(起點)이 시작되었다는 것이리라. 그러나 두 나라 국민의 가슴속에 응결(凝結)된 감회는 질적으로 전혀 다른 것이 있었다고 하리라.

광복(光復)의 기쁨에 어찌할 바를 몰랐던 한국인. 패전(敗戰)의 허탈함에 빠져버린 일본인. 이리하여 그 후의 역사는 양 국민의 역사적 정열의 자기 연소 과정의 전개이기도 하였다. 교육철학적 관점에서 이에 대한 자기 성찰이 있어야 하겠다.

212. 명원이 생일날

보통 한식(寒食)에 성묘를 하게 되는데 대개 양력 4월 5일이나 6일이 된다. 우리 고명딸 명원이는 청명(淸明)인 양력 4월 6일생이어서 그 이름도 청명의 명(明)을 따서 고운 여인, 아름다움 여인이라는 의미에서 명원(明媛)이라고 하였는데 아주 좋은 이름인 것 같다. 이제는 '지연(知娟)이 엄마'로 고운 딸 키우는 데 바쁜 나날이라 하니 좋은 일이고 감사한 일이다. 그 명원이 생일날도 가까워지고 있다.

213. 코메니우스적 전회(轉回)

천문학에서의 코페르니쿠스적 전회(轉回)가 무엇을 의미하는지를 우리는 알고 있다. 그러기에 칸트 역시 이 말을 철학에서 사용했던 것이다. 그런데 교육에서도 '코메니우스적 전회'라는 말을 써도 좋은 게 아닌가 생각될 때가 있다. 굳이 지금에 이르러 이런 말을 만들어 보는 것

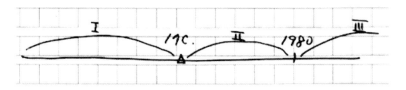

[그림 22] 교육사적 대사건: 개성통합적 교육개혁

은 결코 코메니우스가 시도한 대량 교수 방법을 오늘날 실시하려는 점을 강조하자는 데 있는 것이 아니고, 하나의 획기적 교육 개혁의 지표이자 상징으로써 이 말을 써보려는 것이다. 즉 17세기 코메니우스에 이르러 여태까지 수공업식 교육이 기계 공업식 교육, 대량 생산식 교육으로 바뀌었다고 하리라. 그런 의미에서 그 이전과 이후 사이에 획을 긋는 큰 의미가 있는 교육사적 대사건이라고 하리라.

그러나 현대는 어떠한가? 대량 생산식 교육의 한계가 드러난 시기, 그 폐단이 현저해진 실로 '교육적 위기의 시대'라고 하겠다. 따라서 앞으로의 교육은 어떻게 되어야 할 것인가? 그것은 다수 속에서 개인, 개성을 살릴 수 있는 '개성 통합적 교육'으로 바뀌어야 할 것이다. 이 교육방식은 1대1의 가정교사식 교육(근대 이전의 교육)도 아니거니와 대량 생산식 교육(근대 이후의 학교 교육)도 아닌, 복합적 교육 환경 속에서의 평생 공부인 '개성 통합적 교육'이라는 새로운 이념의 교육형태와 교육내용이다. 이것을 가리켜 '코메니우스적 전회'라고 해 보았다. 그 개혁의 정열에 주목해 보고자 한다.

214. 원경(遠景)과 근경(近景)

산속에 들어오면 산의 전경(全景)을 볼 수 없다는 말도 있거니와, 한편 산속에 들어와 보면 멀리서는 눈에 띄지 않았던 것들이 새삼 눈에 보이기도 한다. 나는 일본에 올 때까지는 거의 일본의 신문 등을 읽어

보지 않았고 라디오를 듣지도 않았다. 그런데 이곳에 와서 뉴스를 자세히 듣고 신문을 읽어보게 되니, 새삼 무시무시한 사고투성이 나라라는 실감이 든다. 뉴스가 원래 그렇지만 매일 살인 사건이 발생하고 철도사고에 화재 발생 등등 사건의 연발이다.

내가 일본으로 가려 할 때 모 일본 외교관 한 사람이 무엇 때문에 애써 일본에 가보려느냐고 의아해했던 적이 있다. 이제야 그가 더 자세한 얘기를 하지 않은 '언외(言外)의 언(言)'의 깊은 뜻을 조금은 알 수 있는 것 같다. 그렇다고 내가 지금 여기서 누구를 붙들고 "일본은 상당히 무시무시한 나라군요!"라고 하겠는가? 그저 사람 사는 곳 어느 곳인들 낙원이 있겠느냐고 도리어 반문 당하기에 십상일 것이니 말이다. 역시 자기 나라가 제일이라는 생각을 품게 되는 것은 나그네 삶의 공통된 심정이라고 할 것이다.

215. 역사의 모순성

이를테면 "가장 평화로운 민족이 역사의 격랑(激浪)에 휘말리고 마침내는 소멸하고 만다."라는 사실(史實)은 우리에게 역사의 모순성을 깊이 느끼게 한다. 남미의 문화국가였던 잉카제국이 스페인 침략자들에 의하여 영원히 지구상에서 자취를 감추고 말았다는 사실, 그리고 거대한 돌로 된 제단 유물을 대할 때 어찌하여 착하디 착한 잉카제국 사람들은 나라를 잃고 멸망해야 했는지 깊은 회의에 빠지게 되는 것이다.

더욱이 가톨릭이 앞장서서 표면상 신을 말하고 복락을 말했건만 결국 침략자의 앞잡이가 되었고 토착민의 평화나 복락을 짓밟고 말았다는 것은 너무도 엄청난 죄악이 아닐 수 없었다. 세계 도처에서 가톨릭이 본의건 아니건 역사적으로 남겨놓은 침략과 관련된 죄악을 상기할 때 기독교에 대한 우리의 심금은 우울하기만 하다. 어찌 기독교만이겠는가? 가장 높은 선(善)의 경지, 진리를 내거는 종교에 있어서조차 역사적 현실에서는 씻을 수 없는 무수한 죄악을 남기고 있으니 말이다.

가장 선량하고 평화로운 한(韓) 민족이여! 결코 이 역사의 모순성이라는 격랑에 휩쓸리지 말지어다. 선한 자가 힘을 가져야 한다는 것을 새삼 느끼게 된다. 그렇지 않으면 역사상에서 말살될 뿐만 아니라 온갖 죄상마저 뒤집어쓰는 억울함까지 당하게 된다. 선한 자여, 건재하라!

216. 해와 바람의 우화

우리 한민족(韓民族)의 역사적 비극을 해소하는 길은 무엇이겠는가? 그것은 폭력을 통한 탄압의 길이 아니라 진리 앞에 겸손한 마음가짐이라고 본다. 이 마음으로 일관된 삶을 누린다면 얼어붙은 북녘의 동토(凍土)를 소리 없이 녹이는 날이 올 것이다.

문제가 해소될 경우, 그 속도는 일순(一瞬)이라고 해야 할지도 모른다. 그것은 혹한인 겨울 날씨일 때는 영원히 겨울밖에 없고, 얼음이 녹을 것으로는 상상조차 못하지만 우수·경칩이 지나면 대동강 물도 풀린다고 하지 않는가?

우리나라의 평화적 통일도 이렇듯 갑자기 일시에 해결되는 날이 오리라고 본다. 그것을 가능케 하는 것은 무엇일까? 따뜻한 봄 햇빛이리라. 인간의 인간다운 마음씨, 따뜻한 마음씨 그것이다. 해와 바람의 이솝 우화는 지금도 살아있는 진리이리라.

217. 한 장의 희화(戱畵)

일본 통치하에 그들의 무력적 협박 아래 굴복한 무수한 군상들. 먹고살기 위하여 협력하였던 사람들. 그리고 그 후 교육이라는 미명하에 가속화된 황국신민화. 이리하여 역사적 맥락을 모르고 수많은 순진한 청소년들이 충량한 황국 신민이 되도록 교육을 받았고, 마침내 자기 말과 글에서 멀어지게 되고, 이를 잊도록 교묘하게 교육되고 성과 이름을 일본식으로 고치게 된 창씨개명(創氏改名). 여기에 이르러 지원병제도, 징용, 징병제도로 우리 젊은이들은 전쟁의 와중(渦中)에 휘말려 들어갔고 의미 없는 죽음을 해야만 하였다.

살아남은 사람들 또한 그들 교육의 피해자였으니 '교재자(敎災者)'라는 말을 써도 마땅하리라. 다만 민족광복을 계기로, 피는 물보다 진하다는 것을 일순간에 보여주었던 것이 그런 나름으로 하나의 구원이 되었다고 하리라. 교육의 힘이 얼마나 멀쩡한 사람들을 그리고 한 민족을 불구자가 되게 만드는가를 우리는 지겹도록 맛보았다. 이보다 더 역사적 희화(戱畵)가 또 어디 있으랴.

합법적으로 이 민족을 전쟁에서 죽게 할 수 있었던, 피식민지 국민에 대한 징용과 징병제도. 그것을 모르고 죽음의 행진을 따라갈 수밖에 없었던 사람들. 이런 어리석음이 우리 역사에서 되풀이되어서야 되겠는가?

218. 중화요리의 맛

20여 년 전 컬럼비아대학 유학 시절에는 대개 하루에 두 번 휘티어홀(기숙사) 동쪽에 있는 북경요리집(이름은 기억나지 않지만… 후일 가필: 鴻運樓)에서 식사를 하였다. 돈이 많아서가 아니라 같은 돈으로는 이쪽이 더 식성에 맞고 배도 부르니… 피망과 돼지고기 크게 썬 것, 거기에 새우가 섞인 요리(이것 역시 정식 이름은 다 잊어버렸는데)에 밥. 늘 거의 같은 요령으로 식사를 하였다.

중국 청년 한 사람, 아주 건강해 보이는 웨이터가 늘 나에게 와서 주문을 받곤 하였는데 거의 1년 가까이 식사를 하였으니 이 친구 내가 큰 부잣집 아들이나 되는 줄 알았던 모양이다. 최후로 식사를 하는 귀국 전날 나는 식사 후 팁으로 1달러를 주었다. 지금의 돈과 달라서 당시에는 1달러라면 상당한 가치가 있어서 팁으로 주니 여간 좋아하는 것이 아니었다. 유학 시절의 최후 식사이기에 나로서는 이 정도의 팁은 줄 만도 하다고 보았다. 방학 후 다시 오느냐고 할 때 당분간은 어려울 거라고 하였다. 그 당분간이 이미 20여 년이 지났고 그 중국집 이름조차 기억에서 멀어졌으니 그 청년은 지금쯤 뉴욕 어느 곳에선가 중국집 주인이 되었을지도 모르겠다.

오늘은 기숙사 근처에 있는 '미타사이엔(三田菜苑)'에서 기분 좋게 식사를 하고 돌아오니 이런 옛날 추억이 머리에 떠오르는구나.

(1981. 3. 17. 밤)

219. 현대 일본 교육철학

▶ 전후 사조(思潮) 관련 도서 목록

- 日高六郎(히다카 로쿠로), 『戦後思想を考える(전후 사상을 고찰하며)』, 岩波書店, 1980.
- 海老坂武(에비사카 다케시), 『戦後思想の摸索(전후 사상의 모색)』, みすず書房, 1981.
- 曾田雄次(아이다 유지), 『戦後の思想を考える(전후의 사상을 고찰하며)』.
- 粕谷一希(가스야 가즈키), 『戦後思潮: 知識人たちの肖像(전후 사조: 지식인들의 초상)』, 日本経經新聞社, 1981.
- 中村元(나카무라 하지메), 『比較思想(비교사상)』.
- 山崎正和(야마자키 마사카즈), 『顔のない巨人の顔(얼굴 없는 거인의 얼굴)』, 国際シンポジウム日本の主張' 80, 文芸春秋, 1981.

▶ 교육이념 관련 도서 목록

- 世界教育史研究会 編(세계교육사연구회 편), 梅根悟(우메네 사토루 감수), 『日本教育史III(일본교육사III)』(世界教育史大系3), 講談社, 1976.
- 堀尾輝久 編(호리오 데루히사 편), 『教育の理念と目的(교육의 이념과 목적)』, 學陽書房, 1978.
- 長浜功(나가하마 이사오), 『教育の戰争責任(교육의 전쟁책임)』, 大原新生社, 1979.
- 八木淳(야기 준), 『文部大臣列伝(문무대신열전)』, 學陽書房, 1978.
- 村井実(무라이 미노루), 『アメリカ教育使節團報告書(아메리카 교육사절단 보고서)』, 講談社, 1979.
- 平野智美(히라노 사토미)·菅野和俊(스가노 가즈토시), 『人間形成の思想(인간 형성의 사상)』(教育學講座2), 學習研究社, 1979.
- 森昭(모리 아키라), 『人間形成原論(遺稿)(인간형성원론(유고))』, 黎明書房, 1977.

▶ 비교교육학적 연구

- 국립교육연구소 편, 『明日への教育(내일로의 교육)』, 第一法規, 1979.
- 국립교육연구소 내 일본 비교교육학회 '교사교육' 공동연구위원회 편, 『教師教育の現狀と改革(교사교육의 현황과 개혁)』, 第一法規, 1980.

220. 거시(巨視)와 미시(微視)

▶ 남과 여, 부(夫)와 부(婦).
- 대체로 남자의 경우는 멀리 전망할 줄 안다는 점에서 거시적(巨視的)인 특성을 보인다. 결단력이 있음. 이에 반하여 대체로 여성의 경우는 현실적, 의존적, 직관적이고 그렇기에 미시적(微視的)인 특성을 보인다고 하리라.

여기서 '대체로'라고 한 까닭은 '여성적 남성'도 있는가 하면 '남성적 여성'도 있어, 양성 간에 혹은 동성(同性) 사이에도 인간적 특성의 폭이 있어서 하는 말이다. 부부는 양자 특성의 협력·조화로 현실적 난관을 뚫고 나가게 되는 데 삶의 묘미가 있고, 그러기에 운명 공동체인 것이다.

221. 교포교육의 시급성

일전에 히로시마 거류민단 본부에서 행한 강연 때, 교민(僑民) 여러분들께서 보인 열렬한 반응에 나는 커다란 감격과 충격을 아울러 받았다. 그중 하나는 교육에 대한 부모로서의 열의였는데, 그것 이상으로 큰 감명 내지 새로운 각오가 필요하다고 느낀 점은 본국으로부터 좀 더 조직적이고 적극적인 '문화적 지원'이 필요하다는 점이었다. 이것은 한두 번 어쩌다 갖는 기회라기보다도 계획적이고 연속적인 지원이요, 인물교류가 되어야겠다는 것이었다.

교민들의 조국에 대한 향수란 더 설명할 나위도 없이 절실한 것이다. 그 절절한 심정을 본국에 있는 사람들은 알아야 하고 여기에 대한 교육 문화적 대응이 있어야 하리라고 본다. 또 교포 자제들의 모국방문이 보다 자주 이루어지도록 현재 이상의 대폭적인 인원수의 증원이 필요하다고 본다. 그 까닭은 성인들은 물론이거니와 청소년 모국방문의 교육적 효과는 우리가 생각할 수 있는 것 이상으로 크다고 느끼게 되었기 때문이다. '백문이 불여일견'이라는 말은 여기서도 들어맞는 말이다. ㄱ 좋은 예가 수년래 실시하고 있는 성묘단의 모국방문이다.

222. 시발역과 종착역

▶ 세계 문명·문화의 시발역(始發驛)과 종착역(終着驛).

그 어느 쪽으로 만들 것이냐, 이것은 우리들의 노력 여하에 달려있다. 사실 역 자체는 하나다. 다만 그 성격 규정을 어떻게 할 수 있느냐가 다른 것이다. 세계지도를 펴놓고 볼 때, 세계의 중심지란 따로 없다. 다만 역사상 그 영향력의 추이에 따라 중심지가 달라진 것만은 사실이다. 우리는 이 평범한 그러나 엄연한 사실에 대하여 크게 눈뜨고 우리 문화를 발전시켜 세계 문화에 공헌할 수 있도록 기약하는 바가 있어야 하겠다.

223. 교육학에의 도전

▶ 학문적 권위의 희박성

교육은 그 탄생 이래 200년이 되건만 세계 어느 나라 대학에서도 비교적 학문적 권위는 낮았던 것 같다. 한때 사회학이 낮게 평가되기도 하였으나 교육학의 권위가 과연 지금의 사회학만큼 평가되겠느냐는 표정을 짓는 학자들도 있는 것 같다.

그러나 그러한 사람들의 머릿속에도 근래에 이르러 종합대학에서 차지하는 교육학 전공 분야의 놀랄만한 규모 확대 현상에 대한 착잡한 감정을 감추지는 못하는 것 같다. 그러한 사정까지 합쳐서 교육학의 학문적 권위에 대한 불신이 증폭되고 있는지 모르겠다. 어떻든 교육학의 수요는 앞으로도 계속 인류문화의 계승과 인류의 영원한 번영을 구가하는 데 불가결한 것임이 인식되느니만큼 폭발적 증대가 예상된다.

나 자신이 '교육학'에 무한한 매력을 느끼는 까닭이 바로 여기에 있다. 젊은 학생 여러분들의 '교육학에의 도전'을 권장하고 싶다. 그러한 과정과 결과를 통해 교육학의 권위도 더욱 높아질 것이 틀림없다.

224. 일본의 영웅 베스트 10

▶ NHK방송국 조사 (1981. 3. 21.)

- 영웅(英雄)의 3요소: ①용기, ②지혜, ③건강.

* 능력과 호오(好惡)는 다름.

1) 노구치 히데요(野口英世): 위인전의 영향. 전전(戰前)과 전후 모두 최고 인기

2) 오 사다하루(王貞治)

3) 후쿠자와 유키치(福沢諭吉)

4) 도요토미 히데요시(豊臣秀吉): 명랑하고 가정적임. 머리를 쓸 줄 알고, 신경을 씀. 화려하고 돈을 잘 쓸 줄 안다. 자기 비전을 지니고 있지 않았고 적(敵)이 없었던 인물.

5) 사이고 다카모리(西郷隆盛)

6) 요시다 시게루(吉田茂): 신념이 강함. 신용(信用). 전전(戰前)과 전후 일관성·선견성(先見性)

7) 쇼토쿠 태자(聖徳太子)

8) 도쿠가와 이에야스(徳川家康)

9) 마쓰시타 고노스케(松下幸之助: 86세)

10) 미도 고몽(水戸光門)

* 영웅 선정(選定)의 조건: ①자기희생, ②자기 노력으로 입신출세, ③사회를 잘 살게, ④인간적 매력으로 사람의 마음을 잡기, ⑤이상(理想) 추구, ⑥낡은 권위에 과감히 도전하는 자

<표 6> 세대별(世代別) 순위(3위까지)

연령 순위	20대	30대	40대	50대	60대
1	오 사다하루 (王貞治)	오 사다하루 (王貞治)	요시다 시게루 (吉田茂)	도쿠가와 이에야스 (德川家康)	도요토미 히데요시 (豊臣秀吉)
2	노구치 히데요 (野口英世)	노구치 히데요 (野口英世)	노구치 히데요 (野口英世)	노구치 히데요 (野口英世)	노기 마레스케 (乃木希田)
3	쇼토쿠 태자 (聖德太子)	후쿠자와 유키치 (福沢諭吉)	오 사다하루 (王貞治)	후쿠자와 유키치 (福沢諭吉)	메이지 덴노 (明治天皇)

<표 7> 성별(性別) 순위(3위까지)

성별 순위	남성	여성
1	사이고 다카모리(西鄕隆盛)	노구치 히데요(野口英世)
2	요시다 시게루(吉田茂)	오 사다하루(王貞治)
3	도요토미 히데요시(豊臣秀吉)	후쿠자와 유키치(福沢諭吉)

225. 교육자의 시야(視野)

헤르바르트(Herbart)는 교육학을 논함에 있어 교육학자의 시야 넓이가 교육학의 넓이를 결정한다는 의미의 말을 그의 「교육학」 주저(主著)에서 한 것으로 기억하고 있는데, 이것은 대단히 의미심장한 말인 것만 같다. (정확한 출전은 다시 한번 확인키로 하고…).

교육자의 식견(識見), 즉 그의 시야 넓이는 교육의 질(質)을 결정한다. 따라서 향후 우리는 상당 정도의 국가 예산을 들여서 여러 가지의 형태로 교육자의 시야 확대를 위한 연수계획을 진행하여야 하리라고 본다. 그중의 하나로는 해외연수 기회 확대가 포함됨은 물론이다.

226. 지식과 교육

▶ 기초주의 교육과정관(敎育課程觀)

OAB = 지식정보의 양

ZXY = 교육내용 (교재:敎材)

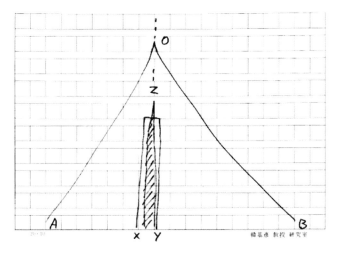

[그림 23] 지식정보의 양 증가와 교육내용

* 역사적으로 인류가 발견·발명에 의하여 축적해 온 지식정보의 양
은 증가일로에 있다. 이것은 오늘날에 와서는 컴퓨터가 처리하고
저장하게 되었다. 앞으로 지식정보의 양은 기하급수적으로 증대해
갈 것이다. 그러나 이와 달리 우리가 교육에서 다루게 될 '교재'는
그렇기에 더욱 정선(精選)해야 한다. 양적 증대기 지식정보와 정비
례하는 것이 아님을 알아야 할 것이다. 즉 '교재'는 인류 문화재의
정수(精髓)로서 그러기에 새로운 문화창조를 가능케 하는 원체험적
(原體驗的) 성질의 것이다. 이것이 '기초주의'의 교재에 관한 교육과
정관이다.

227. 헝그리 정신

▶ 인위적 빈곤의 교육적 부여: 아무리 윤택한 시대라도 청소년 시
  절의 교육에서는 어느 정도 의도적 가난함을 경험하게 함으로써
  귀중한 교육적 체험을 얻게 할 수 있다.

* 역사적 자아의 구조: 공 모양의 구상(球象)

- 각자가 입체적으로 된 레이더(radar)와 소나(sonar) 식별 장치와 같
  이 '역사적 자아'의 수신 장치에 해당하는 의식구조를 형성·발달
  시켜야 하겠다. 현대 사회는 TV 등 미디어가 등장함으로써 어려서
  부터 이질적인 문화나 멀리 떨어진 지역을 쉽게 직·간접적으로
  접촉·경험할 수 있게 되었다. 따라서 일방통행적인 확대·성장
  과정이기보다는 부단히 양방향적인 자기 성장발달 과정으로 파악
  해야 할 것이다. 정보의 홍수 현상을 교육적으로 어떻게 다루어야
  할 것인가가 금후의 교육적 과제의 하나가 되리라고 본다.
  그러기에 '기초주의법(基礎主義法)'의 체득(體得)이 더욱 피교육자에
  게 요청된다고 하리라.

228. 교육과정(教育課程) 개혁의 철학

Ⅰ. 토착복형(土着服型) 교육과정: 수렵, 목축, 농업사회에서의 교육
  원시시대 이래 생활의 필요에서 나온 교육과정

Ⅱ. 기성복형(既成服型) 교육과정: 근대국가 형성 및 산업혁명과 교육
=> 학교 교육제도의 정비에 따른 대량교육의 필요에서 나온 교육과정

Ⅲ. 주문복형(注文服形) 교육과정: 정보화 사회, 국제화 사회와 교육
=> 정치·경제적 안정에 따라 획일적인 교육을 지양(止揚)하고 각자
  개성의 충전적(充全的) 성장발달의 필요에서 나온 교육과정. 이것
  이 새로운 교육과정이 지향(志向)할 바이다.

'기초주의' 교육과정의 특색은 여기에 있다.

229. 교육과정(敎育課程)의 철학

1) 인간 형성의 논리: 제일 원리요 기준으로, 전통과 개혁의 조화.
2) 누군들 이 세상에 있는 모든 지식과 기능을 혼자서 다 알고 있는 사람은 없다. 또 혼자서 다 지닐 수도 없다. 컴퓨터의 발달은 점차 상당한 양의 지식정보를 기억하게 되었는데, 인간과 컴퓨터의 본질적 차이를 생각한다면 이것은 별개의 논의가 됨을 알 수 있을 것이다.
3) 그러니만큼 교육에서 우리가 첫째로 힘써야 할 것은, '인간 형성의 논리'에 대한 올바른 이해이며, 이에 따른 지식과 기능의 섭취・동화(同化)를 위한 각자 기제(機制)의 정비이다. '기초주의'에서는 이것을 전통・주체・개혁의 세 가지 관점에서 대별하고, 문화・생활・지성・인격・협동・봉사의 여섯 가지 교육영역으로 나누고 있으며, 교육방법으로써는 '기초주의법'인 3차원(탐구・각성・실현) 6단계(목적・계획・수집・이회・발표・평가)를 통해서 교육내용에 정통하도록 한다.
4) 학문체계는 고정불변의 것이기보다 자연 및 인문・사회현상의 특징적 파악체계이기에 시대 변천과 지역의 상이함에 따라 반드시 같지는 않다. 이것은 고대 및 중세에 있어서 동양과 서양의 학문 분류가 반드시 일치하지 않는 것을 보아도 알 수 있다.
5) 따라서 교육과정 구성을 위한 기준의 설정은 현행 학문 분류표에 따르기보다는 더욱 본원적(本源的)인 '교육가치체계'와의 관계에서 기성 학문 분야의 재편성이 이루어져야 할 것이다. 이것은 달리 말하면 기성 학문영역을 교육적 필요, 또는 교육적 의미, 교육적 가치에서 재음미하고 재조명하는 일이기도 하다.
6) 이 경우에 교육적 가치(교육적 필요, 교육적 의미)는 지엽적인 것

보다는 '본질적'인 것을, 일시적인 것보다는 '항구성'을 지닌 것을,
단순 조작적인 것보다는 '기본적'이며 '원리적'인 것을 교재 선택
의 기준으로 삼아야 할 것이다.

=> 이리하여 교육과정은 인체에 균형 잡힌 영양 섭취가 중요하듯이
다양하면서도 통합적인 구성이 되어야 할 것이다.

* 상징과 의미와 교육: 모든 것에는 '기초'가 있다. 교육과정은 말하
자면 그와 같은 '기초'를 인간 형성의 관점에서 교육적으로 편성한
교육행위의 설계도(設計圖)이다.

230. 배우는 자에 복(福)이 있나니 - 일본의 경우

1) 탐욕스러울 정도로 외국문화 섭취: 국민 한 사람 한 사람이 각계
각층에서 이 같은 교육적 충동과 정열을 가진 결과가 바로 오늘
날 일본이 선진공업국으로서 기술 산업 분야에서 선두를 달리게
했다고 하리라. 국제회의 개최 및 세계적 학자, 예술가, 정치가,
실업가의 일본방문과 초대 현상 역시 외국문화 섭취의 기회임.

2) 외래문화의 장점을 받아들여 개량·재구성하는 노력을 통해 최고
수준의 상품 제작국이 될 수 있었다. 예: 시계, 카메라, 자동차, 전
자제품 등등.

3) 고등교육의 대중화가 국민을 문화면에 있어서 크게 수준을 높이
게 하였다. '에키벤 다이가쿠(駅弁大学)'라는 야유도 받았지만, 역
시 대학에 다니는 절대 인구가 많을수록 그 나라 국민의 전체적
문화 수준이 향상되는 것만은 틀림없다. TV 보급률과 어디에서
나 책을 읽는 왕성한 독서열 등, 사회 교육적 측면에서도 긍정적
인 면을 자주 보여주고 있다. 출판물의 홍수 현상은 그만큼 독자
층이 형성되어 있다는 증거이다.

- 부정적인 면: 이지메 등 학교폭력과 교육의 황폐화 현상.

231. 성공한 사람들의 인상

1) 부드럽다. 표정이 밝고 생기에 넘쳐 있다.
2) 훌륭한 생활신조를 가지고 있다.
3) 자기 자신에 대하여 항상 최고수준의 엄격성을 요구하고 있다. 그
   러면서도 타인에 대해서는 겸손하다.

232. 일본의 영웅 30인

NHK방송국 조사 (1981. 3. 21. 방송)

1. 노구치 히데요(野口英世)
2. 오 사다하루(王貞治)
3. 후쿠자와 유키치(福沢諭吉)
4. 도요토미 히데요시(豊臣秀吉)
5. 사이고 다카모리(西鄕隆盛)
6. 요시다 시게루(吉田茂)
7. 쇼토쿠 태자(聖德太子)
8. 도쿠가와 이에야스(德川家康)
9. 마쓰시타 고노스케(松下幸之助)
10. 미토 고몽(水戸光門)
11. 사카모토 료마(坂本龍馬)
12. 오다 노부나가(織田信長)
13. 가쓰 카이슈(勝海舟)
14. 니치 렌(日蓮)
15. 메이지 덴노(明治天皇)
16. 유카와 히데키(湯川秀樹)
17. 야마모토 이소로쿠(山本五十六)
18. 노기 마레스케(乃木希典)
19. 요시다 쇼잉(吉田松陰)
20. 이토 히로부미(伊藤博文)
21. 구스노키 마사시게(楠木正成)
22. 오이시 요시오(大石良雄)
23. 가미무라 나오미(上村直美)
24. 오히라 마사요시(大平正芳)
25. 도고 헤이하치로(東鄕平八郎)
26. 우에스기 겐신(上杉謙信)
27. 다케다 신겐(武田信玄)
28. 오쿠보 도시미치(大久保利通)
29. 미나모토 요시쓰네(源義経)
30. 미나모토 요리토모(源頼朝)

233. 바겐세일 물건을 사지 말 것

바겐세일이라면 첫째 값이 싸니까 좋다고 생각할 것이다. 그것은 사실일 것이다. 일단 절대가격이 싸니까. 그러나 정신적인 면에서는 어쩐지 큰 손해를 보는 것 같다.

첫째, 싼 것 사려고 몰려드는 모습, 인간군상(人間群像), 나 역시 그중에 포함되는 한 사람이거니와… 이렇게 해서 그렇지 않아도 싸구려가 된 사람값이(인간 가치가) 더 싸구려가 되는 것 같아 불쾌하다. 서글퍼진다. 그러니 바겐세일 물건은 사러 갈 것이 못된다.

둘째, 값싸고 좋은 물건이 별로 없다는 것은 여기에도 해당할 줄로 안다.

셋째, 싸게 산값을 기억하고 있어, 항상 그 물건을 대할 때마다 귀(貴)하다는 생각보다는 천(賤)하게 여겨지고, 결과적으로 막 대하게 되어 오래 쓰지 못한다. 그러니 바겐세일 물건 살 것이 아니다. 비싸도 축복받은 물건, 스스로 아끼고 귀하게 여길 수 있는 공정한 가격의 물건을 사는 것이 나에게 온 상품에도, 나에게도 '건강한 짓'이 된다.

(1981. 3. 27. 아침)

234. 우치코무(打ち込む): 열중하다, 전념하다

▶ 왜(倭)에 대한 참된 이해.

1) 한 가지 일에 생애를 걸고 하는 몰두하는 정신, 이것이야말로 우리가 배울 만한 일이다.

2) 그냥 작은 것이 아니다. 정교(精巧)하고 작은 것[소(小)]이 쌓여서 위대(偉大)한 것을 이루고 있다. = '적소성대(積小成大)'

235. 교육에서의 가치와 의미

우리가 흔히 쓰는 말에 "이것은 그만한 가치가 있다."라고 어떤 물건, 또는 어떤 행위에 대하여 타인에게 말한다. 달리 말하면 "이것은 그만한 의미가 있다."라는 뜻이기도 하다. '가치'와 '의미'가 이런 경우에는 동의어가 됨을 알 수 있다.

가치라는 표현이 '즉물적(卽物的)'인 면이 강한 데 반해, 의미라는 표현은 '맥락적(脈絡的)'인 면이 강하다. 그러나 양자는 항상 '본질적(本質的)'인 면과 '상황적(狀況的)'인 면을 비교하며 헤아려 보게 해 준다는 점에서 상통한다고 본다.

236. 교육학자가 아닌 사람들의 '교육적 논설'

이른바 좁은 의미의 교육학 전공자가 아닌 각계각층의 전문가 혹은 달인(達人)의 경지에 오른 사람들이 어떠한 '교육적 신조'를 말하고 있는지 고찰해 보면, 미술 분야의 전문가 형성의 원리로 로댕(Rodin)의 「유언(遺言)」을 들 수 있다.[20]

237. 교과목은 학문분류표가 아니다

오늘날 우리가 교과목 편성을 생각할 때 학문분류표를 크게 의식하게 된다. 그런데 실은 우리가 무엇보다도 큰 관심을 가져야 할 출발점은 '교육적 동기'요, 교육적 '가치'요, 교육적 '의미'여야 할 것이다. 이

---

20) [편집자주] 한기언, 『상황과 기초 -구상교육철학으로서의 기초주의』(서울대학교출판부, 1990), 329-333쪽 및 김선양, "기초주의와 로댕의 유언", 『교육의 세기와 기초주의』(교육과학사, 1997), 177-189쪽 참조.

에 따라 여러 학문 분야에서 적절하게 선택하고 구성되어야 할 것이다. 이러한 기본태도 위에 서지 않으면 교육과정은 항상 주인의 처지가 아니고 예속적 처지로 전락하여 그 고경(苦境)에서 헤어나지 못할 것이다.

우리에게 참고가 될 일로써, 전통시대 동양[중국]에서는 예(禮)·악(樂)·사(射)·어(御)·서(書)·수(数)의 '육예(六藝)'를, 서양에서는 문법·수사학·논리학·대수·기하·천문학·음악의 '7 자유학과(Liberal Arts)'로 [의학(醫學)과 건축학을 포함하면 9 자유학과]로 정리된 것을 보아도, 그 시대의 학문 목록 모두를 채택하는 것이 아니고 교육적 필요에 의해 '선택한 결과'임을 알 수 있다.

238. 전환기(轉換期)의 풍요성(豊饒性)

▶ 제2의 기축시대(基軸時代: Axial Age): 야스퍼스(K. Jaspers)는 기원전 5세기경을 가리켜 인류문화의 기축시대라고 구분하였거니와, 20세기 후반은 바야흐로 '제2의 기축시대'의 도래와 출현을 의미하는 것만 같다. 현기증을 일으킬 정도로 변화무쌍한 현대 사회이거니와 그러니만큼 이 속에는 전통과 개혁, 온갖 다기(多岐)한 요소가 뒤섞여 있다. 혼재현상(混在現象).

하지만 이는 새로운 형태의 문화창조를 위하여 다시 없는 귀중한 문화환경이요, 새로운 문화창조를 위한 소재(素材)들이라고 하겠다. 역설적으로 들릴지도 모르겠으나, 가장 고통스러운 역사적 상황·현실 속에 신의 최대 축복이 담겨 있는 것만 같다.

하나님 감사합니다.

(1981. 3. 27. 점심식사를 하면서…)

239. 다국적(多國籍) 문화의 시대

‘다국적 회사’라는 말이 있거니와 문화 역시 이런 관점에서 이해할 수 있으리라. 우리나라 역시 고도의 독창적 문화를 가지고 있는 유력한 주주국(株主國)이 되어야 한다. 국적 있는 교육 역시 이러한 문화와의 관계에서 개방적 자세로 이해되어야 할 것이다.

* 문화자본(文化資本) 주주
- 음악 분야: 이탈리아 - 음악용어는 이탈리아어로 널리 사용되고 있다.
- 무용 분야: 프랑스 - 발레(Ballet)의 경우는 프랑스어 사용.
- 의학 분야: 독일에서 미국으로. 근래에는 의학용어도 영어를 사용.
- 미술 분야: 프랑스 - 미술용어가 프랑스어로 통용되고 있다는 사실
- 운동 분야: 태권도는 한국어(국제대회에서 ‘한국어’로 통일 사용됨), 유도는 일본어.
- 음식 분야: 김치(’88 서울 올림픽대회에서 ‘김치’가 채택된 이후, 김치 애호 인구와 나라가 해마다 늘어나고 있음)

240. 생활의 활력원(活力源)

▶ 가족, 고향, 친구와 동료 등 인간관계
‘인(人)’이라는 글자 모양을 보아도 사람들은 서로 의지하며 살아가고 있음이 사실이다. 이에 반해 고독은 진공 속에서의 생활이요, 비바람도 없는 이상향(理想鄕: 파라다이스) 같지만, 실은 인간세계에서 격리되었다는 데서 오는 가장 비생산적인 세계이기도 하다. 왜냐하면 의미의 상실지대가 되기 때문이다. 괴로움의 끊임없는 엄습, 인간관계에서 빚어지는 고민이 또한 삶의 참모습이요, 이 가운데서 우리는 생활의 활력원인 가족과 친지들의 고마움을 자연스럽게 알게 된다.

241. 실속(失速), 암(癌)의 경우

▶ 암(癌)의 공포

이것은 현대인 누구나가 느끼는 일이다. 인생에 있어서 지나친 무리, 그것은 때로 실속 상태를 유발케 되는 것이 아닐까? 정신적 균형 유지.

언제나 범사에 감사하는 마음으로 오늘 하루를 마치게 될 때, 삶[생(生)]이 허용되었음에 오직 감사할 따름이다. 다만 정신적으로도 '실속' 상태, 삶의 의의를 상실해서는 안 될 것이다.

242. 물가를 모르고 사는 기쁨

이것은 세상 물정을 모르는 소리라고 핀잔맞기에 알맞은 제목이다. 그러한 바를 모르는 것은 아니나, 이런 생각이 머리에 떠오른 것 또한 사실이니 몇 자 적어 보는 것이다.

실은 서울에 있을 때도 나는 물가에 신경을 안 쓰는 편이었다. 그 까닭은 이런 일에 신경을 써보아야 나에게는 지극히 비생산적이요, 결과적으로는 손해가 가니, 신경을 안 쓰기로 한 것이다. (그만큼 나의 아내는 신경을 쓰는 나날이었으리라… 미안하게 여김.)

그런데 이곳에 와서 나 자신이 한 달 생계비 계산을 해가면서 돈을 쓰게 되니, 처음에는 물가에 신경을 안 쓰던 내가 요즈음은 많이 달라지는 것 같다. 소인(小人)이 되는 징조인가 보다. 그래서 다시금 나는 옛날의 내 모습으로 되돌아가야겠다고 생각한다.

(1981. 3. 31. 아침)

243. 제3자의 변(辯)을 듣고

▶ 광복(光復)과 해방이라는 한계상황에서의 변설(辯舌)이 진짜!
　제3자의 변(辯)이란 누구나 자기 마음껏 이상론적으로 말할 수
있는 것. 그러나 자기도 그와 같은 한계상황에 처한다면 하고 다
시 생각하고 조심스럽게 발언해야 할 것이다.
　한때 역사의 가해자였던 사람들과 그 후예들이 지금도 냉소적으
로 우리를 보는 근본 태도에 전혀 변화가 없음을 다시 한번 느낀
다. 무슨 일이 있어도 잘 살고 볼 일이다.
　다시는 약소민족이 되지 말고…

244. 교육의 역사적 현실과 이념

▶ 한국: 이중적 왜곡에서의 기사회생(起死回生)
1) 일본에 의한 식민지 교육정책에 의한 왜곡.
2) 해독의 배증현상(倍增現象): 그 왜곡에 따라 배양된 인재들에 의한
　왜곡. 즉 식민지 교육정책에 의해 길러진 한국 사람들에 의한 왜
　곡의 재생산 현상. 이 사실이 더욱더 심각하고 비극적인 일임. 한
　국의 교육적 전통의 망각 혹은 완전망실(完全忘失)과 파괴.

▶ 일본: 역사적 현실에 대한 이념적 갈림길
1) 패전(敗戰)의 결과, 비록 미군정하의 특수사정에 의한 결과라고는
　하지만, 일본 지성인들이 바라던 민주교육의 기본노선을 달릴 수
　있는 환경조성이 가능하게 되었다.
2) 어떤 면에서는 한국보다 교육 문제의 내용은 성격적으로 비교적
　단순하였다고 하리라. 그러나 진정한 역사적 반성이 없다면 현실
　은 과거 이념의 반복이 될수도.

245. 오스모(大相撲)와 야구(野球)

일본 사회의 리듬 메이커로서 특기할 일은 1년간을 통하여 적절한 시기에 정기적으로 개최되고 있는 두 가지 스포츠가 있다. 하나는 일본의 전통성을 강하게 풍기는 일본씨름인 스모(相撲)이고, 또 하나는 일본 근대화의 상징이기도 한 야구이다. 스모는 도쿄에서 있었던 '쇼가쓰 바쇼(正月場所)'와 3월에 오사카에서 개최되었던 '하루 바쇼(春場所)'가 있었다. 지금은 고교 야구시합이 한창이다. 3월 하순에서 4월 초에 끝나는 것인데, 곧 프로 야구 시합도 개최된다니, 이렇게 해서 일본인의 사회생활 리듬은 씨름과 야구로 이어져 흘러가는 것만 같다.

(1981. 4. 3.)

246. 비우호적인 우호국

어느 나라나 하루아침에 국민성이 바뀐다고는 아무도 생각하지 않을 것이다. 일본인의 한국관 역시 마찬가지라고 보아야 할 것이다.

우호국 조사를 할 때마다 한국의 위치는 항상 하위에 놓여있다. 싫은 나라 쪽으로 표시되는 것이다. 한국을 속으로는 우습게 보고 있다. 따라서 이것을 변화시키는 길은 하나밖에 없다. 정말 두 손 반짝 들고 역시 한국이 제일 실력이 있는 나라라고 마음속으로부터 우러나는 소리를 들을 정도로 번영 발전해야만 가능한 것이다. 반드시 경제 분야가 아니더라도, 사회문화적으로 우리는 그렇게 할 수 있다. 그 이외의 길이란 없다고 본다. 한국인이여, 힘을 키우소서!

247. 현광철 박사의 편지

기언 형(兄)

금년도 벌써 4분의 1이 지나갔소이다. 마음은 늘 그렇지 않은데 펜 들기가 번거로워 소식 자주 전하지 못해 미안 천만이외다.

소생은 금년부터 일요일은 전휴(全休)하고 들이나 산에 자주 들러 조금이라도 자연과 친숙해지도록 노력해 볼까 합니다.

한적한 시골에 우거(寓居)하여 바람 소리, 새소리, 벌레 소리, 벗 삼아 조용한 서재에서 고전이나 읽을 수 있다면 얼마나 다행일까 생각합니다. 1월 초에 가메코(亀子) 선생님이 서신을 주셨는데 산에서 하지골절(下肢骨折)을 당하셔서 병원에 입원 중이시고, 5월에는 옛 종로 소학교 제자들의 초청으로 방한(訪韓)할 예정이시라고. 그 답서도 오늘에서야 드렸습니다. 건강에 유의하시고 무사히 귀국하시기를 빌겠습니다.

4월 3일

현광철(玄光喆) 배

248. 봄맞이

오늘 처음으로 작년 도착 직후 사두었던 전기 진공 청소기를 꺼내어 대청소를 하였다. 처음으로 사용하는 기계이지만 필시 가장 게으른 사람도 사용할 수 있도록 제작되어 있을 것으로 알고 사용해 보니 과연 그러하였다.

책상도 봄철에 맞게 대청소. 기분 좋음. 또 침대도 담요 등 한 장만 남기고 봄철에 맞게 바꿔 놓음. 대청소 후, 「블랙 앤드 화이트」 스카치 위스키 새 병을 뜯어 축배. 맥주도… 안주인 호콩도 새 통을. 또한, 체리와 올리브도 새 병을 뜯음. 철저하게 모든 것을 새것으로 축배. 앞으로 남은 80여 일 건강한 몸으로 귀국하게 되는 것이 제1 목표임.

(1981. 4. 10.)

249. 학문 계보 발견적 독서법

이곳에 와서 처음으로 사 본 책은 나카무라 하지메(中村元)의 『동방의 지혜(東方の知慧)』라는 책이었다. 그 후 수많은 책을 거의 신간본 중심으로 직접 책방에 가서 구독하는 방식을 취해 보았다. 이번에는 단순히 개개 저서의 독파(讀破)라기보다도 전후 일본문화와 사상·학계의 주도적 인물, 그들의 계보 이해에 초점을 두기로 해 보았는데, 이 점 역시 큰 수확을 걷을 수 있다는 약간의 자신감을 얻게 되었다는 것이 요즈음 나의 솔직한 심정이다.

(1981. 4. 11. 아침)

250. 시간을 현명하게 사용하는 일

▶ 신입사원이건 최고 관리자이건…
1) 빠르다.
   - 동작이 빠르다.
   - 판단이나 결정을 척척 해낸다.
   - 일하는 속도가 빠르다.
2) 두 가지 일을 동시에 처리한다.
   전체적 관련 하에서 시간을 사용할 것.
3) 시간을 통째로, 하나로.
   - 내일 할 일을 전날 메모하여 처리 순서를 정해 둔다. 중요도 및 긴요도에 따라서.
4) 일하는 흐름을 정해두기.
   - 예: 기상, 세면, 이 닦는 일, 커피 물 끓이는 것 등.
5) 짧은 틈새 시간 활용을 잘 하기.
   - 예: 이동시간

6) 몸 컨디션이 좋은 시간에 모아서 일하기.
- 능률이 오르는 시간에 정력적으로 일 처리.
7) 비서를 잘 활용하여 시간을 현명하게 사용하기

(발설자 미상)

=> 내 생각 하나: 인생 전체의 시간을 전체적 관계(자기 인생의 의미라는 견지)에서 현명하게 사용, 활용하는 예지가 요망됨. 시간을 인생과의 관계에서 의미 있게 사용하는 것.

251. 군자동 집 생각, 나의 서재

▶ 학문적 생산
그것은 참된 삶의 리듬 속에서 만들어지는 것이다.
참된 사유(思惟), 독창적인 사고의 번득임.
그 모두가 참된 자기 삶의 기반(基盤)과 기조(基調) 위에서 가능한 것.
군자동 집, 내 집, 나의 서재, 그리고 나의 대학 연구실.
그리고 우리 젊은 학생들, 연구의 동료들. 이러한 정신적 삶의 유대 속에서 나의 학문 또한 싱싱한 창조적 입김을 뿜게 된다.

(1981. 4. 20. 낮)

252. 우연히 알게 된 사실

▶ 자기 학설에 온갖 정열과 학자로서의 학문적 생명과 책임을 지려는 순수함과 전력투구하는 진지한 자세가 무엇보다도 필요하다.
작년 9월, 일본 교육철학회에서 내가 한 「기초주의의 구조」(基礎主義の構造) 강연은 확실히 영향력 있는 획기적인 강연이었음을 새삼 우연한 기회에 알게 되었다.

무라이 미노루(村井実) 교수의 『善の構造(요사노고조)』(1978:145)에
'4 가치[선・진・미・정(善・眞・美・正)]'이던 것이, 『道德敎育の論理
(도덕교육의 논리)』(1981:61)에서는 '6 가치[선・진・미・리・권/정・성
(善・眞・美・利・權/正・聖)]'으로 변경되어 있음을 확인함.

253. 논문을 탈고하고 나서…

▶ 논문: "기초주의의 교육적 가치체계" 탈고
   나의 생애에 있어서 지적(知的) 엑스터시를 맛본 순간은 「기초주
   의」를 명명(命名)한 1957년과 「한국교육의 이념」을 탈고했을 때
   라고 하리라. 이런 일들을 가슴에 품고서 이국(異國)인 일본에서
   동양학자 관계의 국제학술대회를 위한 논문을 완성한 사실을 기
   뻐하는 것이다.

* 선진국과 후진국의 차이는 무엇인가? 그것은 '기초'의 차이임.

(1981. 4. 27.)

254. 귀 언저리에 남았던 이야기

『서울대학교 30년사』 편찬 회의 때, 당시 위원장이었던 한우근(韓佑
劤, 서울대 대학원장) 박사가 조교들에게 들려주는 얘기 중 지금도 나
의 귀 언저리에 남아 있는 말 하나가 있었다.

나는 당시 한우근 박사와 함께 편찬위원으로 일하고 있었고 조교
들을 앞에 놓고 이 얘기 저 얘기 들려주면서 작업 진행을 지도해주
고 있었던 터였다. 귀 언저리에 남았던 얘기란, "잉크 한 병을 쓰는
속도"였는데, 지금 이곳에 와서 지내보니 잉크가 세 병째로 접어들

었다. 한우근 박사도 하버드-옌칭 연구소 시절, 나와 같은 생활의 연속이었음을 새삼 알게 되어, "잉크 한 병 쓰는 속도"라는 얘기를 이해할 만하다.

(1981. 5. 4. 아침)

255. 성과는 무엇인가?

▶ 최신 간행된 책을 마음껏 사서 읽었다는 사실.
1) 일본문화·사회현상의 맥락을 어느 정도 잡을 수 있게 된 것 같다.
2) 교육학계도 같음. 학문적 동향 및 인맥 관계.
   젊은 세대의 학자 동향 파악이 어느 정도 된 것으로 안다.
3) 일본의 4계절: 생활의 리듬. '1년간의 흐름'을 체험, 파악할 수 있었음.
4) 다면적·다각적인 매개로 일본 이해가 가능하게 되었다고 본다.
   - TV: 프로의 엄선으로 (시간을 절약하기 위하여).
   - 신문: 철저하게 읽었다고 하리라.
   『도쿄일기(東京日記)』에 필요한 기사를 오려서 붙인 것은 그 결과라고 하리라.
5) 주어진 1년간의 시간을 전체적·구성적으로 자기 결단에 따라 마음껏 사용할 수 있었다는 것.
6) 아홉 차례에 걸친 강연, 심포지엄 등 연구발표의 기회를 얻음으로써 관련 학자들과 사귀게 된 일.
   - 회한(悔恨) 없는 1년간의 연구 생활이었음.
   - 점과 부분으로 듬성듬성 개별적인 이해에 지나지 않던 것들이 이번의 체류 생활을 통하여 상당히 전체적이고 맥락적으로 파악되고 이해할 수 있게 되었다고 본다.

256. 조국 문화에의 보은의 길

외국에서 생활하는 한국인의 경우, 김치 맛이 입언저리에 돌 때 그 간 잊힌 '한국문화'의 고마움을 새삼 느끼는 바 크리라. 한국문화는 한 국인인 나 자신을 감싸준 공기와 같은 고마운 보호체(保護體)이다. 이 한국문화는 체질화된 것이니, 한국문화는 나 자신의 에너지원(源)이요, 창조적 정력(精力)의 샘이다.

한국 사회 안에서 살 때는 그 고마움을 모르고 지내고 있었던 것뿐 이다. 가끔 해외 생활이 유익하다고 하는데, 그것은 해외 생활을 통해 서 다른 나라 문화로부터 많은 것을 배울 수 있다는 점도 있거니와 그 것 이상으로 새삼 자기 나라 문화의 특성, 그 고마움을 깨달을 기회를 얻게 된다는 뜻이다.

한국문화가 나를 키워왔고, 보호해 왔다. 이제는 한국문화에 새로운 문화재산목록(文化財産目錄)을 보탤 수 있도록 새로운 문화창조가 있어 야 할 것이다. 이것이 어머니 품에도 비유할 수 있는 조국 문화에의 보 은의 길이 될 것이다.

(1981. 5. 7.)

257. 정조(情操)

1) 종교적 정조
2) 정치적 정조: 정(政) = 정(正)
   => 건강적 정조: 폭력이 아닌 유도(柔道), 즉 겸손과 부드러움
3) 학문적 정조
4) 도덕적 정조
5) 경제적 정조: 사리사욕이 아닌 공익(公益)
6) 심미적 정조

258. 논문 발표를 마치고 나서

오늘은 나의 "기초주의의 교육적 가치체계"를 발표하는 날이다. 대체로 뜻대로 이루어졌음.

사회자인 에노키 가즈오(榎一雄: 1913~1989) 교수는 특별히 나의 발표 내용이 좋았기에 10분 연장했다고 함. 처음으로 질문도 나왔음. 비교적 내가 원하는 대로 이루어졌음.

에노키 교수가 리셉션 파티에서 많은 질문을 해 온 것 역시 큰 성과의 하나임. 앞으로 더욱 영문·독문 등으로 구미 교육철학계에 나의 기초주의가 번역되어 소개되면 그 후의 일은 순조롭게 될 것임. 한편 한국에서도 더욱 교육 실제 세계에 영향을 끼치게 되기를…

국제학회 참가는 마땅히 독창적인 자기 학설의 발표장이 되어야 하겠다. 정 안될 때는 기성 학설의 주석이겠으나… 그러나 역시 자기 학설을 발표하는 것이 정도(正道)이며 생산적이라 하겠음.

(1981. 5. 8.)

259. 학설 정립의 의지

학설을 제창하는 일도 어렵거니와, 창도(唱導)한 학설을 진정 올바르게 키워가기란 더욱 어려운 것.

나는 일대용맹심(一大勇猛心)을 가지고 '기초주의'를 제창하였다. 그로부터 24년의 세월이 지나가고 있다. 나는 고독 속에서도 나의 학설에 공명해 주는 인사를 이국(異國)에서도 만나게 되면서 큰 힘과 학문적 책임을 느낀다. 더욱 꾸준한 정진(精進)이 있어야 하리라고 본다.

(1981. 5. 9. 아침)

260. 아시카가 학교(足利學校) 등 참관

▶ 구리타(栗田) 미술관

설립자가 학생 시절에 3엔(쌀 한 가마 2엔 50센 시절)을 주고 이마
리야끼(伊万里燒) 도자기 하나 산 것을 계기로, 그 후 이마리, 나
베시마야키(鍋島燒) 등 도자기 수집에 나섬. 결국 미술관 설립에
까지 이르게 됨.

* 느낀 점: 큰 미술관(도자기 전문)도 첫 출발은 1점 구입에서부터였
다는 사실. 또 하나는 도자기의 파편 수집도 상당히 훌륭한 수집품
이 되면 설득력이 생긴다는 사실. 그리고 보니 우리나라 청자기의
뛰어남에 새삼, 그 진가를 재발견한 것 같은 충격을 받았음.

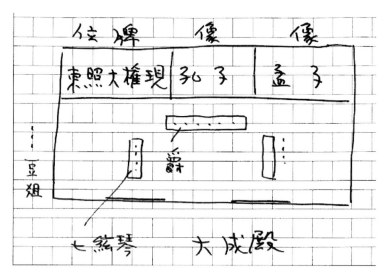

[그림 24] 아시카가 학교(足利學校)의 배치도

도저히 우리의 성균관과 문묘(文廟)의 크기나 짜임새에 비할 바가 아
님을 느꼈음. 확실히 우리의 경우가 짜임새가 있음. 그러나 반면에 이
사람들의 경우는 그런 나름으로 소중히 보관·전승하려고 노력해 온

사실만은 알 수가 있었음. 이것은 소웅미술관(草雲美術館)의 경우에도 역시 같음. 규모가 큰 것이 아님. 그러나 소중히 여기고 널리 전하고 알리려는 정신은 배울 만하였음.

일본의 좋은 점은 무엇인가? 그것은, 우리가 보기에 대단치도 않은 것들을 명소요, 명물(名物)이요, 국보요, 중요문화재요 하면서 소중히 보관·전승하고 자랑하는 데 있다고 보았음. 그러고 보니 우리나라야말로 이런 기준에서는 얼마든지 소중히 여기고 자랑할 거리가 많이 있다고 느꼈음. 우리도 그렇게 하여야 할 것이다.

(1981. 5. 10.)

261. 노학자의 부드러운 눈길

▶ 제26회 국제 동방학자 회의 참가 수상(隨想).

젊은 세대를 '유화한(따뜻하고 부드러운)' 눈길로 바라보던 노학자로부터 받은 강렬한 인상을 잊을 수가 없다. 나는 그 눈길 하나로 많은 것을 배웠다. 그 눈길을 생각할 때, 나의 눈길은 아직도 독수리같이 날카롭고 젊다고 느꼈다. 이제부터 더욱 많은 학문적 수양을 쌓아가야 하겠다. 나도 그러한 부드러운 눈길을 가진 수양된 노인이 되어야겠다.

262. 대학의 권위

▶ 한국 대학사가 의미하는 것.

- 한국 근대대학의 비극·좌절은 성균관의 폐쇄(1911년).
- 한국 현대대학의 성립과 대학 권위의 건설을 위해서는 어떻게 하여야 할 것인가.

학문의 힘이 민족복리(民族福利)에 기여하는 것임을 실증해야 할 것이다. 대학은 결코 건물이 커서 대학은 아니다. 문화창조의 전당 이기에 대학이요, 권위를 인정하는 것이다. 한국 현대대학의 정초 기(定礎期)에 있어 진정 우리가 노력, 경주해야 할 일이 무엇인가를 생각해야 할 것이다.

민족 독립운동가들이 「민립대학」 창건을 위하여 얼마나 갈구하고 노력했던가를 우리는 다시 한번 생각해야 할 것이다. '대학'이란 참 으로 귀한 이름이고, 민족과 인류를 위하여 책임을 져야 하는 이름 이요, 존재라 하겠다.

(1981. 5. 12.)

263. 배의 역사

나의 글이 명실공히 '활자화'된 첫 경험은, 1945년 해방 직후 「어린 이신문」에 쓴 연재물 "배의 역사"였다. 그런데 이것은 한 번만 게재 되고 말았던 것 같은데, 어떻든 지금도 이 활자화된 신문을 나는 보 관하고 있다.

당시 편집장은 피천득(皮千得) 선생으로 기억한다. 물론 당시의 나로 서는 그분이 어떤 분인지도 모르던 시절이다. 나는 그때 우리나라가 해 양으로 크게 진출해야만 된다고 생각하였기에 큰 사명감에 불타 이 글 을 어린이신문에 실었다. 지금 생각해보니 입가에 절로 미소가 떠오르 는 일이다. 왜냐하면, 내가 선박사(船舶史)에 대하여 얼마나 알고 있었 겠느냐 말이다.

어린이와 같은 마음, 성장의 길이 여기에 있다. 한없이 자라나려는 마음과도 통하는 것이기에 나는 어린이와 같다는 표현을 좋게 생각한 다. 권위를 내세우려고도 하지 않거니와 권위에 사로잡히려고도 하지 않기 때문이다.

264. 학신(學神)에의 외경(畏敬)

▶ 대학의 존립 근거: 외경심(畏敬心), 자긍심(自矜心), 구현심(具顯心)

첫째, 외경(畏敬)할 줄 알라. 위대한 것에 대한 경탄할 줄 아는 마음.

둘째, 자긍심(自矜心)을 가져라. 고개를 들고 가슴을 펴고… 자중자애(自重自愛)하여야 한다.

셋째, 위대한 꿈을 실현하라. 세심한 평생계획과 생애를 걸고 그것의 구현화(具顯化)에 나서야 할 것이다. 대학이 평온한 배움의 바다[학해(學海)]를 이루는 까닭이 무엇인가를 진정 깨달아야 할 것이다. 그것은 광풍노도(狂風怒濤)와 같은 인생의 고해(苦海)를 헤쳐 나가는 지도자로서의 역량을 배양하기 위한 교육적 배려에서 나온 것이다.

265. 속죄하는 봉사활동이 있어야

현대의 일본교육에 관하여, 의식 있는 일본 학자와 식자(識者)들은 청소년이 목표, 꿈을 잃고 있다고 말하고 있다. 꿈도 꿈이려니와, 내가 보기에는 우선 모든 것이 윤택해진 오늘날 일본인들이 할 일은 과거 그들의 조상, 선배들이 저지른 과오에 대하여 진심으로 '참회하는 마음'을 가져야 하겠다. 즉 속죄할 줄 알아야 한다.

1945년 패전 당시 속죄하려던 마음, 참회하던 마음을, 그저 말로 끝낼 것이 아니라 앞으로 백 년이고 얼마고 정말 속죄하는 봉사활동이 있어야 할 것이다. 그러면 참된 삶의 목표도 서게 될 줄로 안다.

266. 일본 씨름 스모와 야구의 공통점

▶ 전통적인 것으로 스모와 현대적인 것으로 야구의 공통점은?
- 우마쿠 아타루(うまく当てる): 잘 맞춘다.
- 요미가 요이(読みがよい): 상대를 잘 읽는다.

267. 서울·뉴욕·도쿄: 나의 학구 편력 생활기

1) 나의 학구생활의 근거지: 서울 - 서울대학교
2) 교육학 연구의 메카: 뉴욕 - 컬럼비아 대학교
3) 새로운 교육문물의 집산지: 도쿄 - 국립교육연구소

268. 인간 형성의 핵(核) 사상

▶ 세계 각국의 민족정신의 결정체(結晶體) 즉 보석 같은 것은?
* 이탈리아인: '후르보(furbo: 교활한, 교묘한, 현명한)' - 임기응변의 꾀가 있고 요령이 좋으며 눈치 빠르며 잽싸게 대처할 줄 아는 것. 지나치게 정직한 사람은 바보로 여겨진다.

269. 7·5·3

▶ 동일 연령층에서 상급학교 진학과 관련하여,
  고교생은 7할 탈락(脫落), 3할 진학
  중학생은 5할 탈락, 초등학생은 3할 탈락
* '오치코보레(落ちこぼれ=낙오자)' 현상

270. 학자적 자질

1) 건강(健康): 장수해야 함.
2) 창조적 발상(創造的 發想)
3) 지구력(持久力)

271. 세계문화인의 기항지(寄港地)가 된 일본

직업의 여하를 불문하고 세계의 저명인사들이 일생에 거의 한 번 이상 들르는 곳, 일본의 도쿄.
이것은 무엇을 의미하는 것이겠는가.

272. 후지타 쓰구하루(藤田嗣治) 화백(畫伯)

<NHK 인생독본> 프로그램에서 후지타 쓰구하루 화백을 다룸.
내 생각에는 사람의 일생, 어떤 사람을 이해하기 위해서는 단편적인 삶의 모습도 중요하거니와 역시 생애 전반의 인생 항적(航跡)을 통하여 이해하여야 할 것임.
* 후지타 쓰구하루(1968년 81세로 별세)
- 문전(文展)[21] 3회 낙선: 20대 초.
- 24세 때, 도불(渡佛). 피카소를 만나 조언에 따라, 처음에는 환상적인 루소(Rousseau) 화풍 모방. 그 후 독창적인 화풍을 발견. 고학시에는 하루에 감자 한 톨 먹고 산 때도 있고, 포크나 숟가락까지

---

21) [편집자주] 메이지(明治) 말기에서 쇼와(昭和) 후기까지 유지되었던 관설(官設) 공모 미술전. 프랑스에서 매년 개최되었던 살롱을 모방하여 생겨난 것으로, 1907년에 문부성 미술전람회(文部省美術展覽會: 통칭 문전)로 시작되었다. DNP Museum Information Japan https://artscape.jp/artword/index.php/文展・帝展

판 적이 있고, 외투 없이 3년간을 지냈다고 함. 17년간 파리에 있는 동안, 6점이 동시에 입선. 파리 화단(畵壇)에서 인정받음.

- 결혼은 3번.

  첫번째 프랑스 여인: 여류화가

  두번째 프랑스 여인: 무용가. 일본 생활 중 모르핀 중독사.

  세번째 일본 여성

- 제2차 대전 전후: 일본에서 생활. 종군화가가 되어 전쟁화를 그림.
- 전후, 전쟁 협력자로 화단에서 지탄받음. 일본 화단은 시종 그를 냉대함. 마치 그가 유일한 전쟁 협력 화가였던듯이 지탄함.
- 1949년 도미(渡美). 부인은 수속 착오로 2개월 후 출국. 그 후 파리에서 생활하며 교회를 설립. 그 교회에는 예수의 생애와 자기네 부부상(夫婦像)을 넣은 벽화를 온갖 정성을 다하여 완성함. 그는 만년에 가톨릭 세례를 받음.

(1981. 6. 5.)

273. 피카소와 아인슈타인

피카소의 작업장에서의 사진을 보면 윗옷을 벗고 있는 것이 보인다. 처음에는 매우 이상하게 여겨졌으나, 실제로 나도 여름에 서재에서 집필하고 있을 때는 윗옷을 벗고 있는 것이 보통이니 조금도 이상할 것이 없다고 하겠다.

나는 아인슈타인의 학설(學說) 자체는 이해할 능력도 없어 처음부터 단념하고 있는 사람이지만, 그의 학문하는 태도에는 깊은 관심을 지니고 있다. 나는 그가 진리탐구에 헌신하는 모습에 더할 나위 없는 매력을 느낀다. 그는 많은 잠옷을 가지고 있었고 서재에서도 잠옷을 입은 채 연구에 몰두하였다고 하는데, 나는 이 점에 크게 공명한다. 그 까닭은 가장 편한 의복 차림으로 가장 어려운 진리탐구에 매진한 것이니 내가 잠옷을 좋아하는 까닭 또한 여기에 있다고 하리라.

(1981. 6. 5.)

274. 한 우물을 파는 지혜(智慧)

어느 나라, 어느 시대에도 있었고 흔히 일어나는 일이라고 하지만, 나의 깊은 존경과 관심을 쏟게 하는 일은, 생애를 걸고 '한 우물을 판 사람들'의 얘기이다.

일본에 와서도 그러한 사람들을 많이 발견할 수 있었다. 진리는 먼 곳에 있는 것이 아니다. 가장 가까운 곳, 평범함 '일용지사(日用之事)'에 있음은 예나 지금이나 다를 바가 없는 것 같다. 다만 대부분 사람이 이 비근한 진리를 멀리하고 우왕좌왕, 모처럼의 생애, 주어진 시간을 토막으로 여기저기 써버리고 무의미하게 삶을 마치는 데 문제가 있고 비극이 있다고 하리라. 그러니만큼 한 우물을 판 사람의 생애가 주는 교훈은 너무도 크게만 느껴지는 것 같다.

(1981. 6. 5.)

275. 일본인의 '가자미도리(風見鷄: かざみとり)'

일 년간의 생활 선물 얘기로 만약에 책을 낸다면 이런 제목도 재미있을 것 같다. 이 '가자미도리(風見鷄)'라는 용어가 우리말이 아님은 번연히 알면서 표현의 효과를 노려 이렇게 그대로 써보았다. 뜻은 그런 나름으로 전해졌으리라고 본다.

일본인은 천성적으로 '풍향(風向)' 즉 바람의 방향에 대하여 예민하다. 그 까닭은 일본의 풍토적 조건에 기인하는 것으로 본다. '파랑 강풍 주의보'라는 것이 도쿄 부근만 하여도 기상청으로부터 자주 발령된다. 이것을 무시하면 어떻게 되는가? 자기 생명을 잃을 수도 있다.

그러니 시시각각으로 변하는 풍향에 과민하리만큼 신경을 쓰는 것
도 무리가 아니다. 남이 어떻게 보는가에 대하여 크게 신경을 쓰는 것
도 같은 이치이다. 그것을 뻔히 알면서 나는 초연하게 이 1년간을 지
내왔다.

그러한 행동도 물론 세심한 주의와 계산 아래 한 것이지만…

276. 일본인의 국제적 신뢰성 회복의 문제

적어도 100년 이상 정말 충정(衷情)에서 나온 헌신이 있어서 비로소
국제적 신뢰성의 싹도 돋아나리라고 본다. 그만큼 일본인이 저지른 역
사적 과오는 크고 깊은 것이 있다. 이 사실을 일본인 스스로가 그다지
심각하게 의식하지 않고 있는 것이 문제이다. 임진왜란 이후, 우리 민
족이 당한 고욕(苦辱), 일본인의 국제적 신뢰성 회복의 길은 멀기만 하
다. 평균적인 일본인은 오늘 일본의 경제적 번영에 대하여 가슴을 펴고
크게 자족(自足)하고 있는 듯하다.

요코오 쇼에이(橫尾壯英) 부소장(국립교육연구소)은 현재의 일본을
가리켜 로마 제국 후기의 양상과 비슷하다고 하면서, 일본의 장래에 대
하여 지극히 비관적인 견해를 피력하는 것이 매우 인상적이었다.

277. 식(息)·식(食)·동(動)·상(想)

▶ 센다이에 사는 의사가 한 말.
* 인생의 설계(設計): 남이 대신 할 수 없고, 자기 자신이 스스로 해
야 하는 일은 네 가지가 있다.
  1) 식(息): 숨 쉬는 일 - 움직일 때는 숨을 밖으로 보내는 것.
  2) 식(食): 먹는 일 - 치아는 28개. 초식인 관계로 구치(臼齒), 즉 어

금니는 1/7인 4개뿐.

3) 동(動): 움직이는 일 - 스포츠. 본인이 쾌감을 느낄 정도가 알맞음. 운동선수는 오히려 '무리'를 하게 됨.

4) 상(想): 생각하는 일 - 가장 기분 좋은 일만 생각하는 것. '고마운 것'을 생각하는 것이 제일 좋음. 자기만 기분 좋아도 안 됨. 남에게 폐가 되지 않을 것.

* 생명현상은 균형이 중요. 천지의 법칙에 따라 '이(理)'로 살기.

278. 귀국 환송회 통지서

알림: 한기언 선생 환송회

작년도부터 체재하고 계신 한기언 선생이 6월 30일을 기한으로 귀국하시게 되었습니다.

따라서 아래의 요령으로 환송회를 개최하고자 하오니, 아주 바쁘시겠지만, 온갖 어려움에도 불구하고 출석해 주시도록 안내 말씀드립니다.

- 아래 -

일시: 6월 26일(금) 12:00 ~ 1:00

장소: 호텔 뉴 메구로 2층 레스토랑

회비: 2,000엔

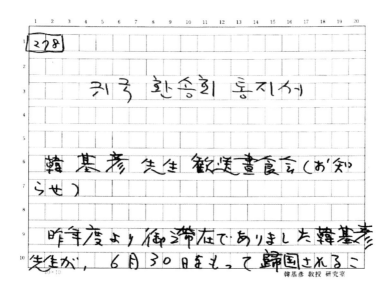

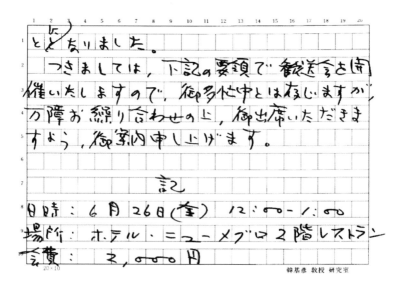

[그림 25] 귀국 환송회 통지서 (원고)

279. 1년을 돌아보니

1) 1년간, 본래 연구 계획대로 진행되었다.
2) 연구 및 사무 면에서 나를 위하여 애써 주신 분들께 감사한다.
3) 50대 후반의 학자 생활, 인생, 학문, 조국, 인류 등등.
4) 연구와 사색(思索)
5) 사람 '인(人)'자의 깊은 뜻: 상호부조(相互扶助)
   그동안 내가 얼마나 많은 사람의 힘을 알게 모르게 입어 왔는가
   를 새삼 알게 되었다.
6) 우리나라에 온 외국 유학생, 외국인 학자에게 더욱 따뜻하게 해
   주어야겠다. 여태까지도 잘 해주느라 하였지만…

280. 1년간의 연구 생활

1) 교육연구소 생활을 체험(體驗)하고 싶었다.
   이제 그 목적을 이루었다고 본다.
2) 일본의 4계절, 1년간의 생활 리듬을 체험하고 싶었다.
   역시 그 목적을 달성한 것으로 본다. =>『도쿄일기(東京日記)』13권.
3) 일본의 현역학자들과 교환(交驩)하고 싶었다.
   그것도 학회 활동 등과 아울러 이룬 것으로 본다.
   논문작성, 강연, 연구발표, 독서, 사색 등.
   나로서는 힘껏 1년간의 연구 생활을 한 것으로 보며 스스로 만족
   하고 있다.

281. 환송연 답사

인사말: 감사의 말씀(お礼の言葉)
1) 교육연구소에서의 연구 생활 체험 : 『연구기요(研究紀要)』 제98집
2) 일본에서의 생활력(生活歷)으로 네 계절의 체험
- 『도쿄일기』 13책, 『학수기(學粹記)』, 『위천록(爲天錄)』 2책
3) 현역 교육학자들에 대한 이해와 학술 교류
- 제4회 세계 비교교육학회(도쿄), 교육철학회, 산업교육학회, 교육사
  학회, 관동교육학회, 교육심리학회, 국제 동방학자대회, 비교교육학
  회, 히로시마(広島)대학 교육연구센터 심포지엄.
- 9회에 걸친 연구발표, 강연 등.

282. 환송연에서의 소감들

▶ 사사오카 씨: 『연구기요(研究紀要)』를 단독으로 낸 외국인 학자는
  여태까지 거의 없었던 것으로 아는데 이번에 한 교수는 냈다. 기
  초가 되어있는 학자가 외국에서 연구하는 구체적인 모습을 엿볼
  수 있었다.

▶ 미야모토 씨: 나는 교육학 전문은 아니지만, 이번 『연구기요』의
  논문(論文)을 통하여 한·일 양국문화와 교육의 차이를 생각하게
  되었다. IBE 가을 회의 보고서 작성에 크게 도움이 되었음.

▶ 고바야시 씨: 여유 있는 걸음걸이에 놀랐다. 도쿄 사람들의 걸음
  걸이가 재빠른 것과는 대조적으로.

▶ 사이토 씨: 멕시코에 가 있는 동안에 한 교수가 오셨는데, 만나
  뵙기 전에 녹음테이프를 통하여 「마루센」에서의 환영회 때, 「아리
  랑」을 들을 수 있었다. 무게 있는 음성이 인상적이었다.

▶ 가네코 씨: 38선을 넘은 나로서는 처음부터 한 교수와 얘기가 통하였다.

▶ 오쓰카 씨: 10여 년 전에 나는 직접 강의를 듣지 못했으나 히로시마대학 대학원생들에게 한 교수가 나누어 준 교재 자료가 두툼한 것을 친구를 통하여 받아보고 느낀 바 많았다.

▶ 아마노 씨: 서투른 코스모폴리탄이 되어있는 것을 새삼 반성하게 되었다. 한 교수는 한국(자기 나라)을 중심에 탁 놓고 각국의 그 것들을 생각하는 교육철학이어서 크게 자극을 받았다.

▶ 기무라 씨: 캐나다 오타와 회의 때 유형진 선생을 만난 적이 있다. 한 교수의 풍모와 학문하는 태도에서 많은 자극을 받았다. 바위와 같이 누가 무어라 해도 앉아서 연구하는 자세… 히로시마의 심포지엄에서 일본인은 신의성(信義性)이 필요하다고 지적당한 것을 고맙게 여기고 있다.

정서(淨書)를 마치고 나서

착수한 지 꼬박 36일 만에 200자 원고지 1,013매 본문 정서를 마칠 수가 있었습니다. 글 자체는 보잘것없는 것이겠습니다만, 글 행간에서 상기되는 1년간(1980. 7. 1.~1981. 6. 30.)의 일본 체류 연구 생활의 나날은 싱싱하기만 합니다. 『도쿄일기(東京日記)』 13권의 해당기간은 다음과 같습니다.

I. 1980. 7. 1. ~ 8. 24. 산일(散逸)   II. 1980. 8. 25. ~ 10. 6.
III. 1980. 10. 7. ~ 11. 11.   IV. 1980. 11. 11. ~ 12. 8.
V. 1980. 12. 8. ~ 12. 31.   VI. 1981. 1. 1. ~ 1. 24.
VII. 1981. 1. 24. ~ 2. 28.   VIII. 1981. 3. 1. ~ 3. 20.
IX. 1981. 3. 20. ~ 4. 4.   X. 1981. 4. 5. ~ 4. 23.
XI. 1981. 4. 23. ~ 5. 15.   XII. 1981. 5. 15. ~ 6. 6.
XIII. 1981. 6. 6. ~ 6. 30.

그간 여러 차례에 이사하는 통에 제 I 권이 분실된 것은 아쉽기만 합니다. 그러나 나머지 12권이 아직도 보존되었다는 것이 고마울 뿐입니다. 실은 이 「도쿄일기」는 신문 스크랩을 주로 한 것이고, 짤막한 글이 조금씩 적혀있었다는 것이 실정입니다. 나로서는 신문 스크랩을 통해서 상기되는 일이 또한 대단히 많습니다. 그 모든 것을 함께한 복제판이 책으로 나온다면 그것이야말로 문자 그대로 「도쿄일기」라 하겠습니다. 설혹 출판되지 못한다 하더라도 나는 이 「정서된 도쿄일기」로도 만족합니다. 기록이 의미 있고 소중하다는 평범한 진리를 '정서를 마치고 나서' 절감하였습니다.

2004년 1월 9일
한 기 언

● **지은이** ●

한기언(韓基彦) 서울대 사범대학 졸업(문학사)
서울대 대학원 교육학과 졸업(문학석사)
서울대 대학원 교육학과(문학박사)
서울대 사범대 교수, 한국교육학회 회장 역임
서울대학교 교육학과 명예교수
기초주의연구원 명예원장

주요 저서
『상황과 기초-구상교육철학으로서의 기초주의』, 『한국교육이념의 연구』,
『교사의 철학』, 『한국현대교육철학』, 『한국사상과 교육』, 『동양사상과 교육』,
『기초주의 교육학』, 『서울대학교의 정신』, 『대학의 이념』, 『21세기 한국의
교육학』 외 다수

● **엮은이** ●

한용진(韓龍震) 고려대 사범대학 졸업(문학사)
고려대 대학원 교육학과(문학석사, 교육학박사)
고려대 교육학과 교수(1996-현재)
전) 고려대 평생교육원장, 고려대 사범대학장 겸 교육대학원장
한국교육사학회 회장 및 한국일본교육학회장 역임
현) 기초주의연구원장

주요 저서
『근대 이후 일본의 교육』, 『근대 한국 고등교육 연구』, 『동아시아 근대교육
사상가론』(공저), 『일본의 지역교육력 이해와 실제』(공저) 외 다수

도쿄일기

초판인쇄 2020년 1월 19일
초판발행 2020년 1월 19일

지은이 한기언
엮은이 한용진
펴낸이 채종준
펴낸곳 한국학술정보㈜
주소 경기도 파주시 회동길 230(문발동)
전화 031) 908-3181(대표)
팩스 031) 908-3189
홈페이지 http://ebook.kstudy.com
전자우편 출판사업부 publish@kstudy.com
등록 제일산-115호(2000. 6. 19)

ISBN 978-89-268-9780-5 94370